œ

Die Stadt und ihr Meister

Elias Holl und Augsburg – eine Auslese

Essays von
Rainald Becker
Christoph Emmendörffer
Franz Häußler
Stefan Lindl
Renate Miller-Gruber
Bernhard Niethammer
Wolfgang Wallenta

Mit einem Vorwort von Christoph Lang
und einer Einführung von Felix Guffler

Zeichnungen von Jens Baiter

Zœschlin

Neuen rathauses//erbauung.//

Auß der herren baumaister bericht und für-
gebrach-//ten erheblichen ursachen und be-
denckhen ist die erba-//uung eines neuen
rhathauß approbiert und bewil-//ligt: Mögen
also die herren baumaister solche mit//ge-
legenheit fürnemen und befürdern und dan
dahin//bedacht sein, das der baukossten so-
vil sein kan, gemai-//ner armer burgerschafft
vor andern frembden bey//jzigen teuren
leuffen zue guetem geraichen möge.//

Beschluss des Augsburger Stadtrats
zum Rathausneubau vom 8. Januar 1615

Inhalt

Vorwort

Christoph Lang

Wo Glücksfälle zusammentreffen, kann Großes entstehen. Wirtschaftliche Kraft, verbunden mit einem starken Mäzenatentum, Mut der Politik in Zeiten konfessioneller Dynamik und vor allem kreative Köpfe sorgten an der Wende vom 16. zum 17. Jahrhundert für eine Blüte von Kunst und Wissenschaft in der Reichsstadt Augsburg – damals eine der bedeutendsten Städte Europas. Am 28. Februar 1573 erblickte ein Mann das Licht der Welt, der mit seiner Genialität das Bild der Stadt grundlegend verwandeln sollte: Elias Holl. Gefördert, gebildet, inspiriert von Venedig, hungrig und mit dauerhaftem Elan ausgestattet machte er aus Augsburg eine Perle der Renaissance, die ihresgleichen sucht.

Unter den prägenden Persönlichkeiten Augsburgs nimmt Elias Holl eine Ausnahmestellung ein: Maurer. Meister. Architekt. Ingenieur. Bei Holl verschmelzen künstlerische Ambition und handwerkliches Können zu einer idealen Symbiose. Seine Bauten sind es, die das heutige Stadtbild Augsburgs auszeichnen – das Rathaus mit dem Goldenen Saal im Stil der Spätrenaissance ragt hier in besonderer Weise hervor.

450 Jahre nach Holls Geburt machen sich renommierte Autorinnen und Autoren auf die Spur von Stadt und Meister. Die Schnittmenge der individuellen essayistischen Wagnisse ergibt das Bild eines Schöpfers, der seine Stadt wie kein anderer gestaltet hat und der in die erste Reihe der europäischen Architekten des 17. Jahrhunderts gehört.

Jens Baiter:
»Das neue Gesicht der Stadt – Qualität hat ihren Preis!«

Einführung: Der Meister und seine Stadt

Felix Guffler

Im Jahr 1573 starb Otto Truchseß von Waldburg-Trauchburg nach 30 Jahren im Amt. Sein Leben lang hatte sich der Augsburger Bischof und Kardinal für die Sache der römisch-katholischen Konfession eingesetzt. Gemeinsam mit dem Kaiser war er in den Krieg gegen die neu aufgekommene »Augsburgische Konfession« der Protestanten gezogen und verteidigte den »rechten« Glauben mit Hingebung gegen die Mehrheit seiner städtischen Mitbürger. Erfolg hatte er dabei keinen und im Jahr 1555 wurde der Augsburger Religionsfrieden geschlossen, den auch der Bischof von Augsburg akzeptieren musste. Der Friedensschluss ermöglichte eine langfristige Lösung der Konflikte um die richtige Auslegung der Bibel und erkannte gleichzeitig die Augsburgische, protestantische Konfession an. Immerhin hatten Kaiser und Bischof in der Reichsstadt die Parität durchsetzen können. Für Augsburg bedeutete dies, dass dort Katholiken und Protestanten gemeinsam und in einem relativen Frieden leben konnten. Städtische Ämter wurden in gleichem Umfang an Katholiken und an Protestanten vergeben. Das Verhältnis der Konfessionen blieb zwar stets angespannt, dennoch gelangten die Augsburger nach und nach zu einem gewissen modus vivendi beider Konfessionen innerhalb der Stadtmauern. Dies war die Grundlage für die erfolgreiche Entwicklung der Reichsstadt in den kommenden Jahrzehnten.

Knapp vier Wochen vor dem Tod von Otto Truchseß von Waldburg-Trauchburg, am 28. Februar 1573, hatte im Haus des erfolgreichen protestantischen Baumeisters

Hans Holl, in der Werbhausgasse 2, ein Knabe das Licht der Welt erblickt. Dieser sollte – ebenfalls in 30 Jahren Schaffenszeit – die Stadt Augsburg deutlich nachhaltiger prägen als es der Augsburger Bischof trotz aller Mühen vermocht hatte. Getauft wurde er auf den Namen Elias. Schon früh begleitete er seinen Vater auf dessen Baustellen für die Familie Fugger und den Franziskanerinnen von Maria Stern. Von ihm dürfte Elias das handwerkliche Rüstzeug bekommen haben, das ihn später bei seiner Ausbildung und seiner Arbeit als Stadtbaumeister auszeichnete: ein hohes technisches Verständnis, genaue Kenntnis von Baustoffen und Werkzeugen sowie ästhetische Grundkenntnisse. Daneben erhielt er eine Schulausbildung, bei der ihm Lesen, Schreiben, Mathematik und natürlich protestantische Glaubensinhalte vermittelt wurden.

Nach und nach erlernte der junge Elias Holl im Unternehmen seines Vaters Fähigkeiten rund um sein späteres Metier. Er arbeitete auf zahlreichen Baustellen in Augsburg und im Umland, eignete sich Architekturtheorie und Kenntnisse in der Ornamentik an. Darüber hinaus konnte er auf das breite Netzwerk seines Vaters zur städtischen Führungsschicht zurückgreifen und wichtige Kontakte knüpfen. Die Konfession der Kunden und Partner spielte dabei eine untergeordnete Rolle. Der protestantische Baumeister arbeitete auf Baustellen sowohl von katholischen als auch von protestantischen Familien. Fugger, Imhoff, Ilsung, Rehlinger ... die Liste der Kunden aus dem Augsburger Patriziat war umfangreich.

Einen Bruch im Leben des jungen Elias Holl stellte sicherlich der Tod seines Vaters im Jahr 1594, im hohen Alter von 82 Jahren, dar. Die Ausbildung war noch nicht abgeschlossen, sodass zunächst alle Holl'schen Baustellen in der Stadt ruhten. Die Finanzen der Familie mussten also neu geregelt werden. Zwar konnte Elias Holl noch auf den Baustellen im Umland der Stadt arbeiten, doch die Vorbereitungen der Meisterprüfung nahmen viel Zeit in Anspruch. Die Voraussetzungen zur Erlangung des Meisterbriefes im Maurerhandwerk waren schwierig. Politik der Zunft war es, den Kreis ihrer Mitglieder möglichst exklusiv zu halten. Eine hohe Geldsumme war zu entrichten, außerdem musste der Kandidat zwei Jahre als Geselle auf einer Baustelle gearbeitet haben. Diese Kriterien stellten für Holl kein großes Hindernis dar; beim Tod seines Vaters zählte die Familie zur wohlhabenden Mittelschicht Augsburgs. Die Meisterstücke allerdings waren die größeren Herausforderungen: zwei komplizierte Gewölbe und eine Wendeltreppe, die sowohl massive Gewichte tragen als auch ästhetisch anspruchsvoll sein mussten. Erfolg hatte Holl erst beim zweiten Versuch, den ersten bestand der Anwärter nicht. Die Gründe dafür dürfen vermutlich auch in den persönlichen Lebensumständen zu suchen sein: Elias Holl hatte sich in Maria Burkhart verliebt.

Damit er jedoch seine Geliebte heiraten konnte, bedurfte es zahlreicher Absprachen mit Verwandten und Bekannten. Die Trauung fand schließlich am 2. Mai 1595 in der protestantischen Kirche St. Anna statt, deren Kirchturm er wenige Jahre später selbst neu errichten sollte. Schon damals war eine Hochzeit ein kostspieliges Ereignis, sodass Holl im Anschluss daran zum Sparen gezwungen war. Die hohen Ausgaben und die aufwändigen Heiratsabsprachen hatten seine Zeit wohl so sehr beansprucht, dass die Vorbereitung auf die erste Meisterprüfung darunter gelitten hatte. In der folgenden Zeit widmete er sich dieser vermutlich intensiv und ein Jahr nach seiner Hochzeit, am 25. Mai 1596, bestand er sie endlich.

Danach nahm seine Karriere als Baumeister schnell Form an. Die Aufträge kamen und sehr bald musste Holl sich eine Erlaubnis einholen, um zusätzliche Gesellen und Mitarbeiter für seine Baustellen anzuwerben. Besonders bei den Bauarbeiten auf dem fuggerischen Schloss Wellenburg zeigte er seine Fähigkeiten und diese sprachen sich schnell herum. Seine Kunden waren fortan allesamt mindestens der oberen Mittelschicht zuzuordnen, über die Hälfte zählte zu den Reichen. So erarbeitete er sich den Ruf eines geschätzten Baumeisters der städtischen Führungsschicht. Seine Kontakte zum Patriziat, die er seit seiner Jugend geknüpft hatte, erwiesen sich nun als lohnenswert.

Als er im Jahr 1600 für den protestantischen Kaufmann Anton Garb arbeitete, ergab sich die Gelegenheit zu einer kurzen, gleichwohl prägenden Reise nach Venedig. Die dortigen Fassaden und Bautechniken beeindruckten Elias Holl nachhaltig. Hier konnte er erstmals die moderne Bauweise und Ornamentik in zusammenhängenden Gebäudestrukturen erleben. Die Kontakte zwischen Venedig und Augsburg waren damals aufgrund von Handel und kulturellem Austausch sehr intensiv; nach dem Besuch des Baumeisters wurden auch künstlerische Stilelemente nach Norden transferiert.

Gleich nach seiner Rückkehr nach Augsburg wurden Holl zwei bedeutende Arbeiten für die Stadtverwaltung übertragen. Besonders dringend war der Nachfolgebau des abgebrannten Gießhauses, in dem der Stadtgießer Wolfgang Neidthart möglichst schnell die Figuren für den Merkur- und den Herkulesbrunnen herstellen wollte.

Ähnlich bedeutend war der Neubau des Bäckerzunfthauses, der technisch anspruchsvoll war und gleichzeitig eine der wichtigsten städtischen Körperschaften repräsentierte. Beide Aufträge waren entscheidend für seine Anerkennung in den höchsten Kreisen der Stadtverwaltung. Dies eröffnete ihm die Aussicht auf den Posten des Stadtwerkmeisters. Durch seine guten Kontakte, sein Wissen, sein tadelloses Auftreten und seine gezeigten Fähigkeiten qualifizierte er sich für die Stelle, die er schließlich am 8. Juli 1602, noch nicht ganz 30-jährig, antrat.

Kunsthistorisch betrachtet liegt dieses Ereignis in einer Zeit der grundlegenden urbanen Umgestaltung Augsburgs. Sie beginnt mit dem Errichten der drei Prachtbrunnen von Hubert Gerhard und Adriaen de Vries auf dem Rathausplatz und in der Maximilianstraße ab 1588 und endet mit der Fertigstellung des Rathauses im Jahr 1620, das gleichzeitig den Höhepunkt der Karriere von Elias Holl markiert. Mit seinen Bauten prägte er das Antlitz seiner Heimatstadt ganz entscheidend und war dafür verantwortlich, dass dieser Wandel, der etwa 30 Jahre andauerte, so charakteristisch für die folgenden Jahrhunderte sein sollte. Während die Prachtbrunnen zu städtebaulichen Kristallisationspunkten des öffentlichen Lebens wurden, folgte unter Elias Holl die Ausgestaltung des Augsburger Stadtbildes nach einheitlichen Mustern in den Formen der modernen Architektur. Hier spiegelten sich die religiöse Toleranz, die internationalen Beziehungen und das Selbstbewusstsein der Augsburger Bürgerschaft – Holl schuf die architektonische Kulisse dafür.

Sein Ansehen war auch unter seinen Standesgenossen hervorragend. Mit knapp 30 Jahren war er bereits Gutachter über die Arbeiten von anderen Meistern und gleichzeitig ein Interessenvertreter der Maurerzunft. Sein Ruf war unbescholten und seine Fähigkeiten erkannten die Kollegen respektvoll an. Gesellen, die bei ihm arbeiteten, wurden später zu jahrelangen Geschäftspartnern.

Die ersten Bauwerke, die Elias Holl als Stadtwerkmeister selbstständig plante und baute, waren allesamt profaner Natur und für das Leben in der aufstrebenden Stadt von großer Bedeutung. Das neue Zeughaus errichtete er in der Stadtmitte. Hier lagerten die Waffen für die städtische Selbstverteidigung. Für das marode gewordene Siegelhaus entwarf Holl ein neues Bauwerk, das sich mitten auf der heutigen Maximilianstraße am Herkulesbrunnen befand. In diesem Gebäude mussten die städtischen Steuern für Wein und Salz entrichtet werden, die entsprechenden Fässer erhielten dort ihr »Bezahlt«-Siegel. Es handelt sich damit wiederum um einen Bau, der für die städtische Selbstverwaltung und ihre steuerrechtliche Hoheit steht. Dasselbe gilt für die Neuerrichtung der Stadtmetzg, der zentralen Schlachterei, durch die ganz Augsburg mit Fleischwaren versorgt werden sollte. Diese entstand am Perlachberg, weil Holl dort ideale Bedingungen für diese Zwecke vorfand. Ein Lechkanal wurde so begradigt, dass er unter dem Neubau hindurch geleitet werden konnte. Hier diente das Flusswasser zur Kühlung der Fleischprodukte und gleichzeitig zur Beseitigung der Schlachtabfälle. Die aufwändige Bauweise zeugt erneut vom technischen Geschick des Baumeisters, der dieses Gebäude nach dreijähriger Bauzeit 1609 fertigstellte.

Neben diesen drei Großbaustellen arbeitete Elias Holl an weiteren städtischen Bauwerken wie dem Wertachbrucker Tor oder den beiden St.-Jakobs-Wassertürmen. Diese rein technischen Bauwerke können pars pro toto für das architektonische Empfinden des Baumeisters stehen. Charakteristisch an seinen Arbeiten ist, dass selbst profane Nutzgebäude umfassende Verzierungen erhielten; die Fassadengestaltung war deutlich weiter ausgearbeitet als notwendig. Darüber hinaus errichtete der Stadtbaumeister auch im Augsburger Umland Bauwerke. Die Konfession spielte dabei wiederum eine untergeordnete Rolle, wie sich unter anderem am Umbau der Eichstätter Willibaldsburg – Residenz der katholischen Fürstbischöfe – zeigt.

Letztlich gipfelte Holls Arbeit im Bau des Augsburger Rathauses. Seit 1609 liefen erste Planungen zum Umbau des gotischen Altbaus. Als er dann 1614 den Auftrag bekam gleich einen kompletten Neubau zu entwerfen, machte er sich eilig ans Werk. Mehrere Architekturmodelle wurden dem Stadtrat vorgestellt und bereits 1615 erfolgte die Grundsteinlegung. Die Bauarbeiten schritten unglaublich schnell voran. In einer gemeinsamen Kraftanstrengung der Stadtgesellschaft entstand das Gebäude innerhalb von nur sechs Jahren Bauzeit; nach weiteren vier Jahren war auch der Innenausbau abgeschlossen. Die Ausmaße und die Bedeutung dieses Bauwerks können für die damalige Zeit kaum genügend Superlative finden. Es handelte sich um den damals größten Profanbau nördlich der Alpen und gleichzeitig für beinahe 300 Jahre um das höchste Gebäude Deutschlands. Es war so hoch, dass der Perlachturm ebenfalls aufgestockt werden musste, um neben dem Rathaus nicht zu klein zu sein. Die Summe, die die Augsburger Bürgerschaft hierfür aufbrachte, übertraf alles zuvor gekannte. Gebäude mit mehr als sechs Stockwerken – das Rathaus besitzt neun – gab es bislang nicht. Am Augsburger Rathaus, mit seinen Ornamenten, dem Reichsadler und der Zirbelnuss, zeigt sich erneut das Selbstbewusstsein der seit der Antike bestehenden Reichsstadt und ihrer Bewohner. Auch die Innengestaltung des Rathauses ist eine umfassende Selbstvergewisserung über die städtischen Werte. Die Gemeinsamkeiten wurden unterstrichen und das Trennende, die Konfessionen, blieb ausgeklammert.

Dies ist umso auffälliger, weil sich die religiösen Konflikte im Reich nach und nach zugespitzt hatten. Allianzen im Namen des wahren Glaubens waren geschmiedet worden und schließlich standen sich die Armeen der Protestanten und des Kaisers mit seiner »Katholischen Liga« gegenüber. Im Jahr 1618, als Elias Holl den Stadtrat überzeugte, Zwiebeltürme auf das Rathaus zu setzen, begann jener Krieg, der die nächsten 30 Jahre andauern sollte. Die ersten Vorboten kamen bald in die Stadt, auch in Form des Bauprogramms. Das Rote Tor musste erweitert werden und auch das Heilig-Geist-Spital, Holls letztes großes Gebäude und heute Sitz der Puppenkiste, wurde neu errichtet. Dabei erreichten diese Bauten hinsichtlich Finanzvolumen und Größe bei weitem nicht die Dimensionen des Rathauses. Das Geld war in der Stadt mittlerweile knapp geworden.

Bei Holl jedoch noch nicht. 1625 war seine Steuerleistung wohl höher als die aller anderen Maurermeister zusammen. Auch unter den Kunsthandwerkern, die selbst zur gehobenen Mittelschicht der Stadtbevölkerung zählten, nahm er eine Spitzenposition ein. Etwa 30 Jahre nachdem er für die Patrizier im städtischen Umland die Schlösser errichtet hatte, konnte er in deren Umgebung ein Haus in der Oberstadt erwerben. Es befand sich in der Kapuzinergasse 14.

Als Mensch war Elias Holl standhaft in seinen Grundsätzen und resolut bei seinen Entscheidungen. Daneben lassen seine schriftlichen Notizen einen Familiensinn erahnen. Nach dem Tod seiner ersten Ehefrau am 30. Januar 1608 war er »10 Wochen ein traurig und betrüebter Witiber«. Die Bedürfnisse des Alltags und des Haushalts zwangen ihn jedoch, sich bald nach einer neuen Frau umzusehen. Am 20. Mai 1608 heiratete er, wieder in St. Anna, Rosina Reischlen, bei der ihm »eine rechte Liebe sie zu begehren, ins Herz« gekommen war. Seinen 21 Kindern vermittelte er angesehene Ausbildungsplätze beziehungsweise Ehemänner, sie waren alle gut versorgt. Das protestantische Bekenntnis vertrat Holl mit Überzeugung. Eindrucksvoll zeigt sich dies im Jahr 1631 in seinem Schreiben an die Stadtpfleger von Augsburg. Darin erklärte er, dass er aufgrund seines Gewissens und seines Glaubens seine Stelle niederlegen müsse.

Den Anlass zu diesem Schritt sah Holl in der politischen Lage während des Dreißigjährigen Krieges. Große militärische Erfolge hatten die Macht des Kaisers stark wachsen lassen. So erließ er 1629 das Restitutionsedikt, durch das alle Protestanten, auch in Augsburg, entweder zum Katholizismus konvertieren mussten oder aus ihren städtischen Ämtern entlassen würden. Elias Holl traf eine Entscheidung und blieb dabei sich selbst treu. In seinem Brief schrieb er, dass er dem Kaiser und der Stadt Augsburg stets gehorsam und untertänig war und ihnen sein Leben lang treu gedient habe. Weil der kaiserliche Befehl jedoch sein Gewissen und seinen persönlichen Glauben betreffe, könne er ihm nicht folgen. Mit Gottes Hilfe wolle er bis an sein Lebensende an der Augsburger Konfession festhalten.

Damit endete in Augsburg die Schaffensära des Elias Holl und für die Stadt selbst begann eine Krisenzeit, als sich das Kriegsgeschehen auf den süddeutschen Raum ausweitete. 1632 eroberten die protestantischen Schweden Augsburg und Elias Holl wurde, 30 Jahre nach seiner ersten Berufung als Stadtwerkmeister, erneut auf seinen Posten berufen. Fortan errichtete er jedoch keine Profanbauten zum Nutzen der Stadtbevölkerung. Stattdessen organisierte und plante Holl die Verteidigungsbauwerke für die schwedische Stadtgarnison, zum Teil unter großen persönlichen Risiken. Doch als die Armee des Kaisers im Krieg die Oberhand gewann und die Stadt 1635 wieder besetzte, verlor Holl sein Amt endgültig. Die schwedische Garnison zog ab und drei von Holls Söhnen mit ihr. In der folgenden Zeit litt Augsburg unter hohen Kriegsabgaben und auch Holls Vermögen schmolz dahin. Er blieb zwar wohlhabend, war aber nicht mehr reich. Seine letzten Jahre verbrachte er in seinem Haus in der Kapuzinergasse, bis er am Dreikönigstag des Jahres 1646 vor seinen Herrn und Schöpfer trat.

Zwei Jahre nach seinem Tod endete der Dreißigjährige Krieg. Die Stadt, in der Elias Holl jahrelang gelebt und gearbeitet hatte, war kaum wiederzuerkennen. Hunger, Krieg und Seuchen hatten die Bevölkerung stark dezimiert; die Finanzen waren zerrüttet, an repräsentative Neubauten war für sehr lange Zeit nicht zu denken. Die Prachtgebäude standen allerdings noch. So kam es, dass die Stadt bis zum heutigen Tag ihr Antlitz bewahren konnte, das sie zu Beginn des 17. Jahrhunderts von ihrem großen Stadtbaumeister erhalten hatte. Heute erinnern seine Bauwerke an die Blütezeit der Reichsstadt, die mit dem Dreißigjährigen Krieg und Elias Holls Entlassung jäh endete.

Der Beitrag stützt sich auf: Bernd Roeck, Elias Holl. Ein Architekt der Renaissance, Regensburg 2004 und Christoph Emmendörffer, Fortitudo Augustae – Zur Neugestaltung Augsburgs um 1600, in: Kat. Als Frieden möglich war. 450 Jahre Augsburger Religionsfrieden, Regensburg 2005, S. 197–209.

Lucas Kilian, Porträt des Elias Holl, Kupferstich, 1619, Kunst-sammlungen und Museen Augsburg, Grafische Sammlung, Inv.-Nr. G 1868.

Elias Holl – eine Bildbetrachtung

Christoph Emmendörffer

Elias Holls Popularität ist bis heute ungebrochen. Die von ihm lange Zeit konkurrenzlos behauptete Spitzenposition als der wohl berühmteste Augsburger Künstler – weit vor den Malern des »goldenen Augsburgs« wie Hans Holbein d. Ä. oder Hans Burgkmair d. Ä. – macht ihm lediglich Bert Brecht streitig, dessen zeitloses Werk Menschen in der ganzen Welt eine geistige Heimat bietet. Gleichwohl möchte man mit etwas Lokalpatriotismus im *Stadtwerkmeister* Holl den »Augsburger der Herzen« sehen – und ihn damit eine Nasenlänge vor dem *Weltwortmeister* Brecht. Im Gegensatz zu diesem hat Holl seine Vaterstadt nie freiwillig verlassen – es sei denn eine »Pauschalreise« mit seinem Förderer Anton Garb lockte beziehungsweise dienstliche Obliegenheiten, auswärtige Aufträge oder die Wiederherstellung seiner Gesundheit erforderten es. Bereits diese Tatsache belegt die fast symbiotische Verbindung Holls mit seiner Stadt. Es war gleichwohl weniger seine erstaunliche Produktivität als vielmehr – natürlich – ein Einzelwerk, das prächtige Rathaus als sein Hauptwerk, dass sich Generationen, vornehmlich Einheimische, immer wieder mit Werk, Leben und Person Holls beschäftigten. Beispielhaft zeigt dies das Bekenntnis des Augsburger Regierungsrats Christian Jakob Wagenseil

(1756 – 1839), der sich auch als Schriftsteller betätigte und mit dem 1818 erschienenen Werk *Elias Holl, Baumeister zu Augsburg, eine biographische Skizze und Beitrag zur deutschen Kunstgeschichte* zu den frühen Biografen Holls zählt:

»Ich gehe nie an demselben [dem Rathaus] vorüber, ohne mit tiefer Achtung den Namen Elias Holl – so hieß der Künstler, der sich durch dessen Herstellung verewigte – zu denken, und oft gelobte ich es in meinem Herzen, ihm ein kleines Denkmal der Dankbarkeit zu stiften, indem ich durch Erzählung der merkwürdigsten Ereignisse seines Lebens und Schilderung seines Charakters ihn den Nachkommen ins Gedächtnis zurückrufte. Er gehört unter die großen Menschen, die in ihren Werken ruhmwürdig fortleben ...«

Jede Zeit machte sich ihr eigenes Bild von Holl. Wie kaum eine andere Augsburger Persönlichkeit diente er als Spiegel, in dem sich spätere Generationen wiedererkannten. Mit seinen Werken hat Holl nicht nur das Stadtbild Augsburgs bleibend geprägt, sondern sich auch in das kulturelle Bewusstsein der Stadt eingeschrieben. Dieses Bild scheint mit zunehmendem historischem Abstand zur Hollzeit zu verblassen – andere, existentielle Themen beschäftigen die Gegenwart. Gleichwohl ist man sich bis heute des Stellenwerts seiner Werke bewusst – man denke nur an das Klimacamp auf dem Fischmarkt zwischen Rathaus und Perlachturm – , denn sie gelten als Sinnbild Augsburgs und ihre Wahrnehmung löst weiterhin, vor allem bei den Augsburgerinnen und Augsburgern, starke Emotionen aus.

Die kleine Zusammenstellung soll zeigen, dass das früher nicht anders war, wie bereits Wagenseils Worte zeigen. Jede Zeit malte mit ihren Farben am Hollbild. Vieles davon ist überzeichnet bzw. entspricht nicht mehr dem heutigen Geschmack. Der »Ölschinken« wurde abgehängt. Heute mag man es nüchterner: Holl war ein begabter Baumeister, seine Bauten sind schön und Teil von Augsburg. Doch das Faszinosum Holl bleibt; das kulturelle Gedächtnis hat das Bild nicht ganz vergessen. Der 450. Geburtstag des Stadtwerkmeisters im Jahr 2023 ist eine willkommene Gelegenheit, es noch einmal aus dem Gedächtnisspeicher hervorzuholen und erneut zu betrachten.

Der grundlegende Entwurf des Hollbilds erfolgte bereits zu Lebzeiten des Stadtwerkmeisters. Der Porträtstich, den ihm der Kupferstecher Lucas Kilian (1579 – 1637) im Jahr 1619 widmete, ist nicht nur das einzige wirklich authentische Bildnis von ihm, sondern auch der erste Beitrag zu seiner Legendenbildung. Die wie ein Vers gesetzte lateinische Inschrift »ELIAS HOLL AMPLISS. // REIPVPL. AVGVSTANAE ARCHITECTVS« lässt durch den bewusst gesetzten Zeilenumbruch offen, ob das gekürzte Wort als »amplissimus« oder »amplissima« zu lesen, somit auf Holl als »prächtigsten« Architekten oder auf das »prächtigste« Augsburg zu beziehen ist. Es soll wohl beiden gelten. Einen etwas dezenteren Ton wählte Bernhard Heupold (1561 – 1628), Lehrer am städtischen Gymnasium bei St. Anna, der im Jahr der baulichen Fertigstellung des Rathauses (1620) im Auftrag der Stadt ein Lobgedicht auf den neuen Repräsentationsbau verfasste, die *Kurtze Beyläufige Beschreibung des Newerbawten Anno 1615. angefangnen Rahthauß diser loblichen deß H. Reichsstatt Augspurg.* In seinem Reimwerk fand natürlich auch Holl freundliche Erwähnung: »Ein fürnemen Werckmaister der Statt / Elias Holl den Nahmen hat / So erstlich solch Werk abgerissen / Und den Bawherrn fürgewisen / Daran er kein Fleiß ge-

spart ...« Dass auch die Nachwelt den »fürnemem Werckmaister« als eine Ausnahmeerscheinung betrachtete,
zeigt seine Bezeichnung als »kunstreicher Meister« bei
Matthäus Sendel, Verfasser der ersten ausführlichen ge-
druckten Rathausbeschreibung von 1657 bzw. als »fameux
Architecte« in Salomon Kleiners opulentem Kupferstich-
werk *Das prächtige Rath Hauss der Stadt Augspurg* von
1732.

Die Beschreibung Holls als eines fleißigen Maurers,
Baumeisters oder Architekten wird zu einem Leitmo-
tiv der Holl-Lobreden. Als ein noch eher zurückhalten-
der Zeitzeuge erwies sich der Kunstagent und Diplomat
Philipp Hainhofer. Zur Zeit der schwedischen Besatzung
Augsburgs von 1632 bis 1635 fungierte er mit zwei weiteren Patriziern als Bauherr, also als Leiter der wichtigsten
reichsstädtischen Behörde, des Baumeisteramtes. In seinem Tagebuch der Schwedenzeit in der Staats- und Stadtbibliothek Augsburg berichtete er unter anderem von
seiner Zusammenarbeit mit dem als Stadtwerkmeister
wiedereingesetzten Holl. Dabei nahm er den nüchternen
Blick der städtischen Dienstherrin ein. Seine Würdigung
Holls liest sich fast wie eine dienstliche Leistungsbewer-
tung: Er sei ein »verständiger Werkmeister und Maurer,
der die schönste Gebew an Thüren (Türmen), Pruggen,
Kirchen, Rathaus, Wein- und Salzstadel, Zeug-, Becken-,
Korn-, Hospital-, Waisen-, Siechen- und Privat-Häu-
sern, in die 84 Gebew ... dieser Statt in wenig Jahren auf-
geführet ...«. Holls frühester Biograf, Joachim von Sand-
rart (1606 – 1688), der 1670 die erste Kunstakademie der
Reichsstadt gegründet hatte und von 1675 bis 1680 das
dreibändige Werk *Teutsche Academie der Edlen Bau-, Bild-
und Mahlerey-Künst* veröffentlichte, setzte Holl mit be-

sonders bunten Farbstrichen in Szene: »Neben so vielen Künstlern hat sich auch ein unsterbliches Lob in der Stadt Augstburg aufgerichtet, derselben verständige Werkmeister Elias Holl, der seine gute Wißenschaft in der Architectura mit unterschiedlichen schönen Proben dargethan, und aller Welt gezeiget, wie der Italiänischen Gebäude Kostbarkeit mit einer Teutschen Sparsamkeit vernünftig untermänget werden möge ... Sonsten ware unser Künstler gar färtig in seinen Sachen, inventiv in allerhand Machinen schwäre Lasten zu bewegen, und fleißig in allem seinem Thun, wie ich dann von seinem gewesten Lehrling, Jeronymus Thoman gehöret, daß er ihm alle Nacht eine steinerne Tafel an seine Bettlade hängen, und ein Liecht darbey anzünden müße, welche er über Nacht ganz voll geschrieben hätte, daß er also, so wol bey Tag als Nacht, seine Geschäfte sich eifrig angelegen seyn laßen.« Dass sich der Stadtwerkmeister mit seinem Werk unsterblich gemacht hat, italienische Architekturformen klug adaptiert und als Bauingenieur Großartiges geleistet hat, wird man auch heute nicht in Frage stellen wollen. Zweifel stellen sich aber ein, wenn Holl, der – nach seinem gesegneten Kinderreichtum zu schließen – einen gewissen Ausgleich zu seinen dienstlichen im Vollzug seiner ehelichen Pflichten fand, noch nächtens vor Ideen sprühte und einen seiner Gesellen mit der Aufgabe betraute, seine geistigen Ergüsse auf einer am Bettkasten hängenden Schiefertafel aufzufangen. Der barocke »Sachbuchautor« Paul Jacob Marperger (1656 – 1730) jedenfalls hielt diese boulevardeske Anekdote nicht für »fake news« und erzählte sie in seinem 1711 erschienenen Werk *Historie Und Leben Der berühmtesten Europaeischen Baumeister* in naiver Ehrfurcht weiter.

Da erscheint es wohltuend, wenn das Zeitalter der Aufklärung dem recht bunten Hollbild ein leichtes Grau beigibt. Paul von Stetten d. J. (1731 – 1808), Spross einer alteingesessenen Augsburger Patrizierfamilie und letzter evangelischer Stadtpfleger der Reichsstadt, Verfasser zahlreicher historischer Darstellungen zur Geschichte seiner Vaterstadt, war eigentlich kein Mann der Extreme. In seinen 1765 erschienenen *Erläuterungen der in Kupfer gestochenen Vorstellungen, aus der Geschichte der Reichsstadt Augsburg. In historischen Briefen an ein Frauenzimmer* kam er auch auf Holl zu sprechen und ließ sich zu einem für ihn eher ungewöhnlichen Urteil hinreißen, das er am Ende aber dann doch relativierte: »Dieser Mann, der in Deutschland zu seiner Zeit wenige seines gleichen gehabt, hatte alle seine Kunst, seinem Vater Hans Hollen, einem hiesigen Werkmeister, seinem großen Genie und Fleiß, der Aufmunterung des Grafen Johann Jacob Fuggers, und der Gefälligkeit eines hiesigen reichen Kaufmanns Anton Garb, zu danken, der ihn auf kurze Zeit mit sich nach Venedig genommen, woselbst er den guten Geschmack in der Bau-Kunst bekommen, den er alsdann so rühmlich angewendet ... Ihm haben wir alle schöne öffentlichen Gebäude, die hier sind, zu verdanken ... Er war ein großer Baumeister, und ich darf wohl sagen, er war auch der einzige von solcher Größe. Vor und nach ihm hatten wir wohl auch geschickte Leute in Aufführung gewöhnlicher Gebäude aber keiner ist ihm gleich gekommen. Freilich hat auch keiner so wie er Gelegenheit dazu gehabt.« Der sonst so nüchterne von Stetten schreibt Holls Erfolg seinem Genie zu sowie dem Zutun anderer, nicht zuletzt der Stadt Augsburg, die ihm die einmalige Gelegenheit gab, sein Talent zu entfalten.

Ein leuchtendes Weiß trug ein Zeitgenosse von Stettens auf, der Rektor des Annagymnasiums und Stadtbibliothekar Hieronymus Andreas Mertens (1743 – 1799), der 1771 in seiner *Lebensbeschreibung des Elias Holl, eines Architekten* den Geniekult weiter befeuerte und als ein Kind des Klassizismus im Geiste des »Wiederentdeckers der Antike«, Johann Joachim Winckelmann (1717 – 1768), den Augsburger Stadtwerkmeister den als mustergültig geltenden antiken Künstlern gleichsetzte: »Und diesmal wage ich es, den Namen eines Architekten zu erneuern, den Augsburg allezeit unter seine größten Künstler zählen wird ... Ich trage keine Bedenken, ihn ohne Unterschied in die Classe der großen Künstler zu setzen ... Aus seinen schönen Arbeiten schließen wir freilich ganz richtig auf die Größe seines Genies ... Das Gefühl des Schönen wurde bey ihm immer richtiger. Er verließ nach und nach den ersten Geschmack und kehrte zu der edlen Einfalt zurück, die hernach so tief in seiner Seele Wurzel gefasset, daß wenn Holl mit eben dem Geiste zu Athen im Flore der Künste geboren worden wäre, er wie ich glaube, Nerven genug gehabt hätte, Tempel wie das Pantheon aufzuführen.«

Nach diesem lichten Farbklecks war es nur eine Frage der Zeit, dass das Hollbild auch erdige Töne erhielt. Gelegenheit dazu fand sich im Zeitalter nach den Befreiungskriegen, zur Zeit des Biedermeier. Der bereits erwähnte Christian Jakob Wagenseil publizierte 1837 anlässlich Holls vermeintlichen 200. Todestages – erst 1838 entdeckte man Holls Grabstein mit dem richtigen Todesdatum 6. Januar 1646 – eine überarbeitete Neuauflage seiner Hollbiografie, die blutleere Faktenhuberei mit höchst subjektiver Psychologisierung und patriotischer Vereinnahmung mischte: »und so erscheint sein Charakter ehrwürdig, man betrachte ihn als den des vollendeten Künstlers, oder des moralisch guten Menschen.« (S. 15) – »Giebt der nun folgende Zeitpunkt in Holls Leben wenige Gelegenheit, ihn als großen Baumeister zu bewundern; so wird er doch als überhaupt immer thätiger, patriotisch denkend und handelnder Bürger, als Mensch, und als redlich ausharrender protestantischer Christ auf unsere innige Hochachtung desto gewisser Ansprüche machen.« (S. 23) – »Von Seiten seines Herzens betrachtet war er ein gerader, biederer, ehrlicher, gutmüthiger Mann, mild und ohne Herrschsucht gegen seine Untergebenen, billig in allen seinen Bauanschlägen und uneigennützig in allen Dingen.« (S. 26). Holl war zu einem Spießbürger mutiert.

Noch kitschiger geriet das Hollbild unter den Händen des Augsburger Schauspieldichters Johann Leonhard Wilhelm (1774 – 1849), der 1839 das Stück »Elias Holl. Ein biographisch-dramatisches Gemälde in vier Rahmen nach verschiedenen Zeiträumen« verfasste, das noch im gleichen Jahr im Stadttheater in der Jakobervorstadt aufgeführt wurde. Entgegen der Zusicherung, ein Werk »mit möglichster Beachtung der historischen Treue« verfasst zu haben, ist es eine eigentümliche Mischung aus Heldenkult, Deutschtümelei, Spießigkeit und Lob der Pflichterfüllung: »Der Mann, dem Muth und Kraft die Brust noch schwellt / Muß an die Gegenwart allein nicht denken, / Und an des Leibes Nahrung und Bedarf. / Sein Geist ringt sich durch ihre enge Schranken, / Sein Blick durchdringt der Zukunft Dunkelheit / Und ihren Schleier, trachtet er zu lüften. / Unsterblichkeit ist sein erhab'nes Ziel.«, so Holl über Holl. – Andere über ihn: »Du, deutscher Meister, hast ein Werk gegründet, / das seines Gleichen nicht in Deutschland findet, / Und fest wirds wie die deutsche

Eiche steh'n.« beziehungsweise: »Es lebe Holl, der Biedermann und Meister!« – »Und wenn des Todes Schauer mich umweben – / Gieb, daß mir das Bewußtsein nicht gebricht. / Ich habe nie gewankt in meinen Pflichten! / Mein Wirken mag dereinst die Nachwelt richten.«, lautet schließlich Holls Botschaft an die Nachwelt.

Ein dankbarer Gegenstand war der Stadtwerkmeister für die Belletristik, die gerne die historische Wahrheit mit »alternativen Fakten« ausschmückte und völlig neue Motive ins Hollbild einfügte. Ein besonders krasses Beispiel ist der von Max Fuchs (1838 – 1899) im Jahr 1880 verfasste Schmachtfetzen »Elias Holl der Baumeister von Augsburg.«, der bereits 1865 in den *Augsburger neuesten Nachrichten* als Fortsetzungsroman erschienen war. Plot der mit antisemitischen Vorurteilen gespickten Geschichte ist die Liebe von Franz Fugger zur armen Weberstochter Maria Knoller. Ihre Schönheit betört auch den korrupten und wegen seiner Spielsucht verschuldeten Münzmeister Laber, der zur Behebung seiner Geldnot den mit gestohlenem Kirchensilber Hehlerei treibenden Juden Levi erpresst. Maria weist Laber ab, weshalb dieser aus Rache ihre Mutter als Hexe denunzieren lässt. Als er, in die Enge getrieben, fliehen und sich am städtischen Münzvorrat vergehen will, tritt der dienstbeflissene Holl auf den Plan. Bei einer Inaugenscheinnahme belauscht er zufällig ein Gespräch Labers mit dessen Kumpan Pietro und erfährt so von ihren Machenschaften. Pflichtbewusst meldet Holl den Vorfall den Stadtpflegern Rembold und Imhof: »Schenkt mir einige Augenblicke gehör, wohledle Herren«, bat Holl, »ich habe Euch Wichtiges zu hinterbringen und Ihr werdet kaum bei meiner Botschaft Euern Ohren trauen.« (S. 49). Laber und Pietro werden enthauptet. Levi hingegen findet ein grausames Ende in der Eisernen Jungfrau, derweil ein Orkan das alte Rathaus schwer beschädigt. »Ich glaube, Ihr habt den Sturm heraufbeschworen«, redete ihn [Bauherr Bartholomäus] Welser an, »denn bei Gott, keinem Menschen wird er einen größeren Gefallen erwiesen haben, als Euch, da er unser Rathaus so übel zurichtete.« Endlich kann Holl seinen lang gehegten, vom Rat jedoch bis dato hartnäckig verwehrten Traum eines Rathausneubaus verwirklichen: »Das war ein Freudentag für Holl, der nicht schnell genug seine Freunde Kager, Rottenhammer und Kränzer [Steinmetz Lienhart Kreutzer] um sich sammeln konnte, um ihnen die frohe Botschaft mitzutheilen und sie zur Ausführung der sie treffenden Arbeiten zu drängen.«, so Fuchs.

Holl und Werk wurden schließlich sogar in bewegten Bildern gezeigt, als cineastisches Ereignis. 1924 initiierte der städtische Fremdenverkehrsverein den sogenannten Augsburger Stadtfilm »Die Galgenbraut«, »bei dem« – so die damalige Pressemitteilung – »durchwegs Aufnahmen aus dem Stadtbild Augsburgs, wie es Elias Holl geschaffen hat«, verwendet wurden. Im Zuge des aufkommenden Städtetourismus diente er vor allem der Reklame für Augsburg. Der Film, der mit der Fertigstellung des Rathauses und der Ehrung Elias Holls beginnt, spielt zur Zeit der schwedischen Besatzung unter König Gustav Adolf. Unter den Schweden erregt Jakobine Lauber Aufsehen, die gegen den Willen ihres kaisertreuen Vaters Elias Holl jr. liebt. Die wendungsreiche Handlung gipfelt in der Galgenbraut-Story: Die stadtbekannte »wilde Rose Kund« schlägt in Notwehr einen Schwedenoffizier nieder und soll gehängt werden. Der Feldobrist Björnström rettet Rose vom Galgen und heiratet sie mit Gustav Adolfs Se gen, der auch Elias und Jakobine zusammenführt. Happy End!

Nicht verschwiegen werden soll, dass der Stadtwerkmeister zur Zeit des Nationalsozialismus als Vertreter »deutscher Kultur« und »nordischer Kunst« verherrlicht wurde, wie er im frühen Nachkriegsdeutschland wiederum zu einem christusgleichen Gottesknecht stilisiert und sein Rathaus als eine Schöpfung »von allgemein gültiger Geistigkeit und Moral« (Norbert Lieb) zu einem Sinnbild des Wiederaufbaus und der gesellschaftlichen Erneuerung erhoben wurde. Damit endet die kurze Betrachtung des buntfarbigen Hollbildes, das nun wieder zurückgestellt werden mag, entspricht es doch in Vielem nicht mehr unserem heutigen Geschmack. Wir sollten aber doch der frühesten Darstellung des Augsburger Stadtwerkmeisters einen Platz einräumen, Kilians authentischem Kupferstichporträt von 1619, und Elias Holl so betrachten wie ihn der Kupferstecher laut seiner Widmung sah – freundschaftlich und wohlwollend.

Der Beitrag stützt sich auf: Eckhard von Knorre, Handwerker – Genie – Märtyrer? Elias Holl im Urteil seiner Biographen und Interpreten, in: Zeitschrift des Historischen Vereins für Schwaben 68 (1974), S. 130–162.

Jens Baiter: »Aqua vitae – Oase Unterstadt«

Elias Holl und die Architektur der italienischen Renaissance

Wolfgang Wallenta

Wenn interessierten Besuchern die Augsburger Altstadt beinahe italienisch anmutet, liegt das nicht zuletzt daran, dass Elias Holl (1573–1646), Architekt und über dreißig Jahre »Stadtwerkmeister allhie«, zahlreiche Bauten in »welscher Manier«, also im italienischen Stil, in der Stadt errichtet hat.

»Stadt der Renaissance« – so grüßen werbewirksam große Schilder an der Autobahn Reisende, wenn sie an Augsburg vorbeifahren. Diese »Stadt der Renaissance« ist in der Hauptsache das Werk Elias Holls.

Die Bauten Holls prägen Augsburg bis zum heutigen Tag, das Rathaus und der von Holl erhöhte Perlachturm sind die Wahrzeichen Augsburgs schlechthin.

Wie kommt ein ursprünglich einfacher Bauhandwerker vor mehr als 400 Jahren dazu, Augsburg in eine »italienische« Stadt zu verwandeln? Und vor allem: Woher hatte Holl seine Anregungen, seine Vorbilder und seine Ideen zu diesen zahlreichen Bauten?

Zunächst zum Begriff »Renaissance«. Kurioserweise bezeichnet ein französisches Wort, eben »Renaissance«, eine kulturelle und künstlerische Entwicklung, die Italien ab dem 14. Jahrhundert erfasste und die eine Rückbesinnung, eine »Wiedergeburt« auf die Kultur der Antike in Literatur, Kunst, Philosophie, Musik und eben auch Architektur bedeutete. Von Italien aus breiteten sich die Ideen der Renaissance im 16. Jahrhundert in ganz Europa aus. Natürlich fand die Renaissance auch in Augsburg, das als römische Gründung sich dieser ruhmreichen Vergangenheit immer bewusst war, eine Heimat, nicht zuletzt auch deswegen, weil die Augsburger Handelshäuser seit dem späten Mittelalter enge Handelskontakte zu den wichtigen Metropolen Italiens pflegten. Und diesen Handelskontakten folgten kulturelle Kontakte. Italien war seit dem Spätmittelalter in vielen Bereichen Vorbild für die Länder nördlich der Alpen. Primär in der Wirtschaft, hier seien nur die doppelte Buchführung und der bargeldlose Zahlungsverkehr genannt, dann aber auch in Kunst, Kultur und Lebensart, dominierte Italien Europa.

Das Augsburg, in das Elias Holl 1573 als Sohn des bedeutenden Baumeisters Hans Holl (1512 – 1594) von dessen zweiter Ehefrau Barbara Hohenauer hineingeboren wurde, hatte sich im 16. Jahrhundert zu einer der größten und wirtschaftlich bedeutendsten Städte Mitteleuropas entwickelt, es war eine europäische Metropole und galt als schönste Stadt Deutschlands dieser Zeit.

Die selbstbewusste Reichsstadt am Lech hatte am Ende des 16. Jahrhunderts einige Wirtschaftskrisen überwunden und strotzte vor Selbstbewusstsein, die Stadtkassen waren prall gefüllt, ideale Voraussetzungen für einen Baumeister wie Elias Holl, hier eindrucksvolle Werke zu schaffen.

Schon der Urgroßvater Elias Holls war Baumeister, sein Vater Hans Holl war Werkmeister der Gebrüder Markus (1529 – 1597), Hans (1531 – 1598) und Jacob Fugger (1542 – 1598), schließlich dann Stadtwerkmeister Augsburgs. Die Mitglieder der Familie Fugger besaßen große Bibliotheken mit bedeutenden Bücherschätzen, darunter auch die wichtigsten Werke der zeitgenössischen italienischen Architekturtraktate, sowie Ausgaben der Bücher des römischen Architekten Vitruv (um 80 – um 15 vor Christus), der als Übervater der abendländischen Architekturtheorie bis ins 19. Jahrhundert gilt. Durch die kulturellen Aktivitäten Jakob Fuggers des Reichen (1459 – 1525) hatte die Kunst der Renaissance schon zu Beginn des 16. Jahrhunderts Einzug in Augsburg gehalten, so in der Fuggerkapelle in der St. Annakirche und dem Damenhof im Fuggerstadtpalast, die der mächtige Kaufmann erbauen ließ.

Prachtvolle italienische Kunst wurde sichtbar in den »Badstuben«, die von Friedrich Sustris (1540 – 1599) entworfen und in den Jahren von 1569 bis 1571 für Hans Fugger von italienischen Künstlern und Kunsthandwerkern errichtet worden sind und die der Präsentation der Kunstschätze der Fugger dienten.

Durch die engen Kontakte seines Vaters zu der kunstliebenden Kaufmannsfamilie dürfte Elias Holl Zugang zu den Fuggerbibliotheken gehabt und so die wichtigsten Architekturtraktate seiner Zeit kennengelernt haben. Eine andere Quelle des Wissens war die Augsburger Stadtbibliothek, die seit 1537 existierte und seit dem Jahr 1562 ein eigenes großes Bibliotheksgebäude in der Nähe der St. Annakirche besaß. Auch dort gab es Bücher zur Architektur, ebenso wie in den großen Klosterbibliotheken, etwa der des Benediktinerklosters St. Ulrich und Afra.

Schon mit 13 Jahren arbeitete Holl, der während seiner Schulzeit Grundkenntnisse der lateinischen Sprache erworben hatte und auch ein wenig Italienisch beherrschte, auf den Baustellen seines Vaters mit. Mit 17 Jahren war er »Ornamentierer« und schuf, zum Teil nach italienischen Vorlagen, aus Gips Imperatorenköpfe, Schmuckgirlanden, Diamantquader und andere Schmuckformen für die Verzierung der Häuser reicher Kaufleute und Patrizier. Sein großer Wunsch, mit 17 Jahren nach Italien, dem Land der zeitgenössischen Architektur schlechthin, reisen zu dürfen, erfüllte sich nicht, sein Vater verbot die Fahrt.

Hans Holl starb 1594, zwei Jahre später bestand Elias Holl die Meisterprüfung im Maurerhandwerk. Der aufstrebende Meister arbeitete für verschiedene private Auftraggeber, darunter auch für Jacob Fugger (1542 – 1598) und machte sich einen guten Namen in Augsburg. Der reiche Kaufmann Anton Garb, für den Holl seit 1599 tätig war, nahm den jungen Maurermeister im Spätherbst des Jahres 1600 mit auf eine Reise nach Venedig, einer Stadt, die zu dieser Zeit 140 Kirchen und 400 Palazzi zählte und die eine der bedeutendsten Stätte europäischer Kunst war, auch im Bereich der Architektur.

In Venedig konnte Holl mit eigenen Augen die Werke der berühmtesten Baumeister seiner Zeit sehen und studieren, zum Beispiel die Kirche San Giorgio Maggiore von Andrea Palladio (1508 – 1580) oder die Biblioteca Marciana von Jacopo Sansovino (1486 – 1570), eines Römers, der wegen des Sacco di Roma 1527 von Rom nach Venedig geflohen war und dort als Stadtbaumeister zahlreiche Bauten im römischen Monumentalstil errichtet hatte.

Keine zwei Monate verbrachte Holl in Venedig. Doch nach seiner Rückkehr aus der Lagunenstadt war er, was das Bauen anbelangte, ein anderer Mensch. Was Holl in Venedig gesehen hatte, beeinflusste und begleitete den Augsburger Baumeister sein weiteres Leben lang.

Zurück in Augsburg, setzte Holl das in Venedig Gese-hene 1602 beim Neubau des Zunfthauses der Bäcker beim Perlachturm um. Die Fassade des Gebäudes ist ohne die architektonischen Vorgaben Palladios und Sansovinos nicht denkbar. Holl folgte hier Palladios Bau des Convento della Carita und Sansovinos Palazzo Dolfin, die er in Venedig gesehen hatte. Das »Beckenhaus« wurde im Zweiten Weltkrieg beschädigt und nicht wiederaufgebaut.

Im Jahr 1602 musste die Stelle des Stadtwerkmeisters, der unter anderem die städtischen Bauvorhaben umzu-setzen hatte, neu besetzt werden. Holl bewarb sich um die Stelle und konnte als Sonderqualifikation seine Reise nach Venedig und die dortige Auseinandersetzung mit der Architektur der Serenissima ins Feld führen. Dies über-zeugte die Ratsherren und so wurde Elias Holl am 8. Juli 1602 Stadtwerkmeister der Reichsstadt Augsburg, ein Amt mit vielfältigen Aufgaben.

Einer der beiden »Stadtpfleger«, das Amt entsprach in etwa dem eines heutigen Oberbürgermeisters und wurde bis zum Ende der reichsstädtischen Zeit 1806 immer von zwei Männern gleichzeitig ausgeübt, war der hochgebil-dete Humanist Markus Welser (1558 – 1614) aus der be-deutenden Patrizier- und Kaufmannsfamilie der Welser.

Markus Welser und seine Brüder Paul (1555 – 1620) und Matthäus (1553 – 1633) besaßen große Büchersamm-lungen, in denen sich Werke von Vitruv, Andrea Palladio, Sebastiano Serlio (1474 – um 1554), Giovanni Paolo Lo-mazzo (1538 – 1600) und Philibert de l'Orme (1514 – 1570) befanden. In Markus Welsers Verlag »Ad insigne pinus« erschien 1612 ein von dem Universalgelehrten Bernardino Baldi (1553 – 1617) herausgegebener Vitruvkommentar. Da Holl immer wieder auch für die Welser tätig war und auch als Stadtwerkmeister viel mit ihnen zusammenarbeitete, hatte er eventuell auch Zugang zu diesen Werken. Nach dem Zusammenbruch der Welserfirma 1614 erstand die Stadt Augsburg aus der Konkursmasse fünf Architekturtraktate, darunter eine Vitruv-Ausgabe, die schließlich von Elias Holl erworben wurden.

Im reichsstädtischen Siegelhaus am Weinmarkt, das von Holl 1604 geplant und 1607 fertiggestellt worden war, benutzte er für die Basen der ionischen Pilaster eindeutig die entsprechende Tafel aus Jacopo Vignolas (1507 – 1573) im Jahr 1562 erschienener Ausgabe der »Regola delle cinque ordini d'architettura«. In seinen Aufzeichnungen erwähnte Holl die »feinen colonen Ionica«, also Säulen der ionischen Ordnung, die er aus dem zweiten der »Vier Bücher zur Architektur« von Andrea Palladio übernommen hatte. Bei der Gestaltung des Portales orientierte sich Holl am Beispiel des Palazzo Farnese in Rom, dessen Architekten Antonio Sangallo der Jüngere (1484 – 1546) und Michelangelo Buonarotti (1475 – 1564) waren.

So wie die Fassade des Siegelhauses nach italienischen Vorbildern gestaltet ist, ist auch der Fassadenentwurf für den Neubau des Ostflügels des Zeughauses, den der »Malerarchitekt« Joseph Heintz der Ältere (1564 – 1609) vorlegte, ohne Vorbilder der italienischen Renaissancearchitektur nicht denkbar. Der von Holl 1602 begonnene Bau des Zeughauses wurde 1607 fertiggestellt.

Auch wenn bei diesen beiden Bauten Joseph Heintz der Ältere wohl als Ideengeber anzusehen ist, ist von Holl als Mitarbeiter bei den Entwürfen auszugehen.

Welchen Ruhm Holl als Baumeister in dieser Zeit bereits genoss, ersieht man aus der Tatsache, dass Kaiser Rudolf II. (1552 – 1612) Holl 1607 aufforderte, ihm die Aufrisse seiner Fassadenentwürfe für das Beckenhaus, das Zeughaus, das Siegelhaus und die Stadtmetzg auf Pergament in die kaiserliche Residenz nach Prag zu schicken. Holl wurde daraufhin vom Kaiser mit einer »Verehrung« von 50 Gulden belohnt. Diese stattliche Summe entsprach in etwa dem Jahreslohn eines Augsburger Maurermeisters.

Auch den Umbauten der Augsburger Stadttore – Wertachbruckertor, Göggingertor, Rotes Tor sowie beim Neubau des Stephingertores – dienten italienische Vorlagen als Basis, hier auf dem Umweg über den Niederländer Jan Vredeman de Vries (1527–1609), der 1577 ein architekturtheoretisches Werk nach Vitruv vorgelegt hatte, das Befestigungsanlagen zeigte, wie Holl sie in den ersten Jahrzehnten des 17. Jahrhunderts baute.

Wie gut Holl sich in der italienischen Architektur seiner Zeit auskannte, zeigte sich beim Neubau der Barfüßerbrücke über den Fischgraben ab 1611. Holl legte hier einen Aufriss vor, der sich an dem Entwurf für den Neubau der Rialtobrücke in Venedig von Andrea Palladio orientierte. Nach dem Einsturz der alten, hölzernen Brücke über den Canal Grande beim Rialto zu Beginn des 16. Jahrhunderts wurde von der Stadt Venedig ein Architektenwettbewerb zum Neubau der Brücke, jetzt in Stein, ausgeschrieben. Bedeutende Architekten wie Michelangelo oder Palladio nahmen an dem Wettbewerb teil. Den Zuschlag für den Neubau der Brücke bekam der Entwurf Antonio da Pontes (1512–1597), der auch ausgeführt wurde und bis heute eines der Wahrzeichen Venedigs ist.

Palladio hatte seinen Entwurf in den »Quattro libri« seinen »Vier Büchern zur Architektur« aus dem Jahr 1570 vorgestellt, Holl hat die Vorlage gekannt und sie für seinen Brückenbau übernommen. Holls Brücke überspannt mit zwei Bögen den Fischgraben, ein Mittelpfeiler und zwei Eckpfeiler tragen den Aufbau, zu dem, wie auf dem Ponte Vecchio in Florenz oder der Rialtobrücke, zwölf kleine Läden gehörten, in denen Handwerker ihre Waren feilboten. Über dem Mittelpfeiler thronte ein repräsentativer Dreiecksgiebel.

Palladios Entwurf, der ebenfalls Läden auf der Brücke vorsah, hätte in drei Bögen den Canal Grande überspannt. Holls Bau kam mit zwei Bögen aus, schließlich ist der Fischgraben nicht der Canal Grande. Ein Gemälde des venezianischen Malers Canaletto (1697 – 1768) zeigt den nicht realisierten Entwurf Palladios in seiner monumentalen Pracht.

Obwohl Holl mit den architektonischen Traktaten seiner Zeit vertraut war, gibt es von ihm kein Werk zur Architekturtheorie. Allerdings legte er verschiedene Handschriften an, in denen er seine Bauprojekte beschrieb und Anleitungen für künftige Werkmeister zur Mess- und Visierkunst gab. In Holls 1620 begonnenem Manuskript »Geometria oder Messkunst«, einem Zeichnungsbuch, das er bis 1644 fortführte, finden sich zahlreiche Abbildungen, die nahezu identisch sind mit solchen aus den Werken Sebastiano Serlios oder dem Werk »Architektur« des Walter Rivius (1500 – 1548), das 1548 in Nürnberg erschienen ist und in weiten Teilen Arbeiten Serlios enthält. Auch Zeichnungen Albrecht Dürers (1471 – 1528) aus seiner »Underweisung der Meßkunst«, 1525 in Nürnberg erschienen, fanden Eingang in Holls Zeichnungsbuch.

Die Frage, welchen Stellenwert Holl in der Architekturgeschichte einnimmt, ob er nur ein Baumeister mit gewissen Kenntnissen oder ein großer, europäischer Architekt war, ist in den vergangenen Jahrzehnten in zahlreichen Publikationen zu dem Augsburger Meister sehr kontrovers und leidenschaftlich diskutiert worden.

Holls berufliches Selbstverständnis und auch sein Selbstbewusstsein als Architekt drückt der Kupferstich aus, den sein Freund Lukas Kilian (1579–1637) noch zur Zeit des Rathausbaues 1619 geschaffen hat. Holl wird mit Zirkel und einer Abbildung, das Rathaus und den von ihm erhöhten Perlachturm zeigend, dargestellt. Stolz präsentiert der Kupferstich den »Architectus« der Reichsstadt Augsburg.

Holl schaffte den Aufstieg vom Maurermeister zum hochgeachteten »Architectus«, der das Stadtbild Augsburgs prägte, nicht nur durch seine enormen Kenntnisse im Bauwesen und seinen Fleiß, sondern vor allem auch dadurch, dass er sich neuen Entwicklungen in der Architektur, die in Italien entstanden, gegenüber offen zeigte und sich an Vorbildern der besten italienischen Architekturtheoretiker und Baumeister orientierte. Zugleich war er durch seine Kenntnisse und durch seine Interessen Teil eines Netzwerkes von maßgeblichen Vertretern aus Kunst, Kultur und Politik, zu dem auch die »Malerarchitekten« Joseph Heintz der Ältere, Johann Matthias Kager (1575–1634) und der Humanist und Politiker Markus Welser gehörten.

Elias Holl ist als Architekt ein Glücksfall für Augsburg gewesen. Er verwandelte die Stadt am Lech, immerhin eine Tochterstadt Roms, in eine »Stadt der Renaissance« mit einem unverwechselbaren italienischen Gepräge. Dafür schuldet ihm die Stadt noch heute Dank.

Das Rathaus von Elias Holl
im Blick europäischer Reisender

Rainald Becker

Wer um 1800 eine Besichtigungstour durch Augsburg plante, dem gaben zeitgenössische Reiseführer Empfehlungen an die Hand, die sich gar nicht so sehr von den Vorschlägen des modernen Tourismus-Marketings unterscheiden. Genannt werden der Dom, St. Ulrich und Afra, die Brunnen und Türme der Wasserkunst auf der Maximilianstraße und am Roten Tor, nicht zuletzt das berühmte Renaissance-Rathaus von Elias Holl.

So tut es beispielsweise das »Zeitungslexikon« des Altdorfer Geographieprofessors Wolfgang Jäger von 1791. Das populäre Nachschlagewerk – für eifrige Zeitungsleser ebenso wie für Reiselustige gedacht – folgte dabei einer langen touristischen Ratgebertradition. Seit dem Humanismus erfreuten sich die monumentalen Augsburger Bauwerke großer Wertschätzung – nicht nur in der Realität der erlebten Welt, sondern auch in der Virtualität der Reiseliteratur. Eine hervorgehobene Rolle spielte das Rathaus. Der charakteristische Bau mit seinen beiden Zwiebeltürmen, dem schmückenden Pyr über den Volutengiebeln und dem Goldenen Saal galt bereits in früheren Jahrhunderten als steinerne Verkörperung von Augsburgs Identität, von städtischem Gemeinsinn und bürgerlicher Tugend. Zahlreich fallen die Reminiszenzen bei in- und ausländischen Reisenden aus – ganz gleich, ob es sich um Gelehrte, Diplomaten, Künstler, Geistliche oder Kaufleute handelte.

Mit dem Rathaus verbinden sich in dieser langen historischen Perspektive ganz unterschiedliche Deutungsmuster. Den Eindruck von wuchtiger Pracht und dichter Urbanität teilten wohl die meisten von ihnen, wobei das Urteil nicht über allgemeine Wendungen hinausreichte. Der zu Beginn des 17. Jahrhunderts fertig gestellte Bau erschien vielen Beobachtern – zusammen mit dem Perlachturm und den Türmen der großen Kirchen – als stimmige Krönung der Stadtsilhouette.

Mitteilsamer zeigten sich hingegen architekturkundige Zeitgenossen. Der Norditaliener Giacomo Fantuzzi besichtigte im Gefolge des päpstlichen Nuntius Giovanni Torres 1652 den Sitz des Augsburger Magistrats (*pretorio*) und lobte die Qualität der Materialien: den Marmor an Portal, Fenstern und in den Böden, das Blattgold der Deckenvertäfelungen im Goldenen Saal. Vor allem aber erfreute sich der ranghohe kirchliche Diplomat an der »neuzeitlichen« Bauart, am »modernen« Stil, der ihn offenbar an die Renaissance seiner italienischen Heimat erinnerte. Nahezu zeitglich wusste ein englischer Gelehrter Ähnliches zu berichten, der Chronist William Crowne, der den englischen Spitzendiplomaten und Aristokraten Thomas Howard, Earl of Arundel und Duke of Norfolk, auf dessen großer Europatour bis nach Wien begleitete und dabei durch Augsburg kam. Für Crowne war das Rathaus ein Musterbeispiel für neue Baukunst, zurückgewonnen aus dem Geist der Antike.

An diesen Beispielen wird ein typisches Moment der historischen Reiseberichterstattung deutlich (wie überhaupt aller Reiseliteratur). In ihr spiegeln sich die spezifischen Anliegen und Voraussetzungen der Beobachtenden wider. Die Betrachter brachten ihr Vorwissen, gewiss auch ihr (Vor-)Urteil, in das Szenario ein; sie zogen aus dem Gesehenen Schlüsse, um damit bestimmte Erkenntnisse zu vermitteln. Zum politischen Philosophieren fühlte sich etwa der Jesuit Daniel Papebroch aus Antwerpen bei dem Anblick des Rathauses berufen: Der Bau wecke Erinnerungen an einen Königspalast *(palatium)*, obwohl er doch den Zwecken einer Reichsstadt, also eines republikanisch verfassten Gemeinwesens, diene. Nicht ohne Ironie knüpft der Kleriker eine Episode um König Gustav Adolf von Schweden an seine Erzählung an: Dieser habe bei einem Besuch des Rathauses während der schwedischen Besatzung der Stadt im Dreißigjährigen Krieg ganz entrüstet auf den königlichen Dekor des »Bürgerpalasts« reagiert.

Solche tiefergehenden Reflexionen bleiben wenigen Berichten vorbehalten. Meist beschränkten sich deren Ansichten auf die stereotype Beschwörung von Renaissance-Schönheit. Und noch eine Besonderheit fällt ins Auge: Der Name des Baumeisters Elias Holl fällt nur selten oder nie in der Reiseliteratur vor 1800. Eine solche Wendung zur kunsthistorischen Expertenbetrachtung sollte sich erst im 19. und 20. Jahrhundert vollziehen, auf breitenwirksame Weise mit dem »Baedeker« oder – auf der Ebene weiterer Spezialisierung – mit Architekturführern nach Art des »Dehio«.

Dennoch ist festzuhalten, dass Holls Rathaus weit vor seinen anderen Bauten (Loggia, Zeughaus) rasch und dauerhaft einen Platz als Erinnerungsort im kulturellen Bewusstsein Europas finden sollte. Seine literarische Ausstrahlung sollte dem Rathaus in existenzbedrohender Not zum Überleben verhelfen. Dass der im Zweiten Weltkrieg schwer beschädigte Bau bis 1985 einschließlich seiner bedeutenden Innenausstattung weitgehend rekonstruiert werden konnte, mochte er auch seiner in Jahrhunderten kontinuierlich gewachsenen Bekanntheit auf Europas großen Reiserouten verdanken.

Literatur: Hildebrand Dussler, Helmut Gier (Hg.), Reisen und Reisende in Bayerisch-Schwaben und seinen Randgebieten in Oberbayern, Franken, Württemberg, Vorarlberg und Tirol, Weißenhorn 1968 – 2015 und Wolfgang Jäger, Geographisch-Historisch-Statistisches Zeitungs-Lexicon 1, Nürnberg 1791.

Der Elias-Holl-Platz –
dem Meister angemessen?

Franz Häußler

Der Elias-Holl-Platz hinter dem Rathaus zählt zu den ruhigen Verweilzonen in der Stadtmitte, abseits der »Lauflagen«. Augsburg-Besucher sind vom Rundumblick und vor allem von der Ostfassade des Rathauses begeistert. Diese »Piazza« gibt es erst seit 1884 dank einer Bürgerinitiative. Sie liegt genau zwischen dem Kloster Maria Stern, eine der ersten Baustellen, auf der Elias Holl arbeitete, und seinem Hauptwerk, dem Augsburger Rathaus.

Als Elias Holl 1615 bis 1620 das Rathaus baute, gestaltete er dessen Rückseite genauso harmonisch wie die Schauseite, obwohl die Ostseite damals nur im oberen Bereich sichtbar war. Drei- und vierstöckige Gebäude verdeckten den unteren Teil. Aus schmalen Gassen heraus musste man den Kopf schon arg in den Nacken legen, wollte man die Fenster des Goldenen Saales sehen. Das änderte sich erst mit dem 1882 beginnenden Abbruch des gesamten jahrhundertealten Bauten-Konglomerats aus 14 Anwesen zwischen Sterngasse und Rathaus. An dieses fügte sich das bis 1807 benutzte Stadtgefängnis an, seit alters »die Eisen« genannt, nach denen der Eisenberg seinen Namen hat. Auf dem freigelegten Areal hinter dem Rathaus sollte ein großer städtischer Verwaltungsbau in den alten Baulinien erstehen.

Schon während der Abbrucharbeiten pilgerten die Augsburger in die Sterngasse, um den bislang nicht möglichen Blick auf die Rathaus-Rückseite zu genießen. Immer mehr verdichtete sich die Auffassung, dass dieser Anblick auf das freistehende Rathaus nicht wieder verbaut werden dürfe. Einflussreiche Bürger wurden von namhaften Münchner Architekten unterstützt. Sie bildeten eine Allianz, um »ein nationales Kleinod von größtem Wert zu retten«, wie es in einem der Schreiben hieß. Diesem öffentlichen Druck von anerkannten Fachleuten und vieler Augsburger beugten sich schließlich die städtischen Gremien und ließen das Bauamt umplanen. Es bekam den Auftrag, den dringend benötigten Verwaltungsbau nach Norden zu schieben.

Über die Gestaltung des so entstehenden quadratischen Platzes gab es eine Menge Vorschläge. Einer sah einen üppigen Park mit einer Freitreppe vor dem unteren Fletz vor. Erst im Jahre 1890 war eine einfachere Lösung vollendet, die das Rathaus in voller Höhe im Blickfeld ließ. Ornamentale Rasen- und Pflanzflächen, kleine Bäume an den freien Rändern und breite Flanierwege machten den Elias-Holl-Platz zu einem Ziergarten.

In einem Stadtführer von 1897 ist darüber zu lesen: »Dieser weite schöne Platz ist durch die weltberühmte Ostfassade begrenzt, die so recht die Dimensionen des Augsburger Rathauses in himmelanstürmender Form zum Ausdruck bringt und dabei als Prototyp edler Vornehmheit und Einfachheit des Stils gelten kann. Der Besuch dieses Platzes, der durch die Opferwilligkeit der Augsburger Bürger, die durch freiwillige Spenden über eine halbe Million für diese Schöpfung aufbrachten, in dem letzten Jahrzehnt erst entstanden ist, kann den Fremden nicht genug empfohlen werden.« 1902 wird angemerkt: »Das für diesen Platz bestimmte Denkmal des Baumeisters Elias Holl, eines der größten Söhne Augsburgs, harrt noch der Aufstellung.« Es sollte noch Jahrzehnte dauern, ehe eine schlichte Stele für ihn verwirklicht wurde.

1927 schwärmt ein vor Lokalpatriotismus sprühender Schreiber: »An wenigen Orten der Erde wird man ein Bauwerk von ähnlicher Monumentalität, von gleicher künstlerischer Schönheit und Wirkung finden.« Der Schreiber gibt einen Tipp, wann man den Elias-Holl-Platz aufsuchen sollte: »Besonders schön in sternhellen Nächten!« In den 1920er und 1930er Jahren waren bereits andere Platzgestaltungen in Erwägung gezogen worden. Ausgeführt wurden 1938 in Verbindung mit dem Einbau des Ratskellers eine Terrasse mit Säulchen-Balustrade und davor ein Plattenbelag. Der Großteil des Platzes blieb jedoch grün, allerdings nun mit Steinpollern und Eisenketten statt mit Bäumchen begrenzt. Diese Gestaltung war schon bald passé, als dort Zugänge zu Luftschutzeinrichtungen angelegt wurden. Ab Februar 1944 war der einst so vielgerühmte Elias-Holl-Platz von einer Ruinenlandschaft umgeben, man blickte zu den leeren Fensterhöhlen des ausgebrannten Rathauses hoch, auf der Gegenseite lag das Maria-Stern-Kloster in Trümmern.

1950 folgte die Nachkriegsgestaltung als Nutzfläche. Über den völlig »freien« Elias-Holl-Platz waren um diese Zeit längst nicht alle glücklich. So beklagte 1951 Dr. Norbert Lieb, damals Direktor der Kunstsammlungen, den durch die Freilegung 1884 entstandenen »Verlust an Maß-Sinn«. Seine Meinung: Elias Holl hätte diese nunmehr bis zum Fundament frei stehende Hochhausfassade nie ohne Sockelbauten gelassen. So verwundert es nicht, dass 1958 der Verein »Freunde der Augsburger Altstadt«, dem auch Architekten angehörten, das Foto eines Modells mit einem Querbau in voller Platzbreite entlang der Sterngasse veröffentlichte. Sie schrieben dazu: »Durch einen zweigeschossigen Bau mit weiter Toröffnung für den Durchblick könnte der leere Platz unterteilt werden, die erdrückende Rathausfront einen Sockel und Vordergrund bekommen und eine amphitheatralische Steigerung vom Niedrigen zum Höheren und Hohen erreicht werden, wie ähnlich es zu Holls Zeiten der Fall war.« Damals war bereits die Neubebauung des heutigen Rathausplatzes in der Diskussion.

Bereits 1952 griff die Stadt auf die Nutzungsmöglichkeiten des Pflasterplatzes zurück: Sie verlegte den Christkindlesmarkt trotz starker Widerstände der Marktkaufleute von der Fuggerstraße auf den Elias-Holl-Platz, der rund 100 Dultbuden fasst und mit viel Grün herausgeputzt wird. Von der hoch aufragenden Rathaus-Ostfassade blicken zwei riesige Engel herab. »Der Christkindlesmarkt hat hier sein festes Zuhause gefunden«, war damals in der Zeitung zu lesen, und: »Für den Christkindlesmarkt gibt es wohl keinen stimmungsvolleren Fleck in der ganzen Stadt.«

Den Händlern ist der Platz aber zu wenig frequentiert – obwohl in zentraler Stadtlage und schönster Rundumkulisse im Abseits liegend. Sie ständen lieber am Königsplatz oder an der Fuggerstraße, wo die Umsätze doppelt so hoch gewesen seien. Zudem müssen damals die Waren noch in enger Beziehung zu Weihnachten stehen, das heißt: Wurstbratereien, Topfstände und Ähnliches sind ausgeschlossen. 1957 beziehen nur noch 70 Händler einen Stand auf dem Elias-Holl-Platz, 1960 treffen beim Marktamt lediglich 43 Teilnahme-Zusagen ein! Der Stadtrat muss auf den Bedeutungsverlust des Christkindlesmarktes reagieren und lässt 1961 die Marktkaufleute wieder an der Ostseite der Fuggerstraße in beste Geschäftslage zurückkehren. Dafür beschloss er im Mai 1962 stattdessen die Aufstellung eines Obelisken für Elias Holl nahe der Terrasse. Im folgenden Jahr, 1963, wurde der Rathausplatz fertig gestellt. Seither ist er fester Standort des Christkindlesmarktes mit der anderen Seite des Rathauses, der Westfassade, als Kulisse.

Der Elias-Holl-Platz blieb weiterhin eine Nutzfläche, allerdings mit anderem Charakter. Aufgrund seiner überschaubaren Größe entwickelte er sich zum idealen »Event-Platz« für Weinfeste und andere kleinere Freiluftveranstaltungen und man pilgerte dort hin zu »La Piazza«. Dafür musste gelegentlich auch die Elias-Holl-Stele weichen, als bei der 2.000-Jahr-Feier 1985 und bei Bürgerfesten die »historischen« Handwerker den Platz mit ihren Freiluft-Schauwerkstätten belegten. Hier restaurierte beispielsweise die Kreishandwerkerschaft das Türmchen der 1979 abgebrochenen Hochablass-Gaststätte. Es steht nun nahe dem Wehrübergang am Rastplatz.

Großflächige Gartenlandschaften – auch mal mit Wildenten-Kinderstube – verdeckten zeitweise, wie sehr der Platz gelitten hatte. Von dem Kleinpflasterbelag mit geometrischen Mustern war nicht mehr viel zu sehen. Zeltsicherungen, Wasser- und Abwasserleitungen sowie schwere Fahrzeuge hatten die Beläge ruiniert. Mit Teer ausgebessert, blieb ein Flickenteppich. Die beiden Baumreihen überlebten offenbar unbeschadet die vielen Events, dennoch waren bauliche und gestalterische Maßnahmen unvermeidlich.

2006 wurden erste Vorschläge debattiert, aber nicht verwirklicht. Der 3.100 Quadratmeter große Elias-Holl-Platz blieb jedoch im Gespräch. 2008 bekam ein Architektenwettbewerb die Vorgabe, das Flair eines »urbanen italienischen Platzes bei multifunktionalen Nutzungsmöglichkeiten« zu schaffen.

Im Frühjahr 2009 stand der Preisträger für eine aufwändige Neugestaltung fest. Dazu gehörten ein neues Pflaster, eine Freitreppe an der gastronomisch genutzten Terrasse und barrierefreie, rollstuhlgerechte Zugänge. Die Pflasterfläche besteht jetzt aus recycelten Granitsteinen. Sie lagerten im Augsburger Bauhof. Zur Wiederverwendung erhielt das ehemalige Kopfsteinpflaster Stein für Stein bei einer aufwändigen Bearbeitung eine ebene raue Seite, wodurch die Lauffläche komfortabel wird. Neun Platanen und Holzbänke am Nordrand und am Ostrand der Steinfläche verleihen dem Platz den gewünschten mediterranen Eindruck. Die Stele des Elias Holl ist jetzt so platziert, dass sie bei Events nicht mehr im Weg steht. Gleichwohl ist sie weiterhin ein wichtiger Blickfang auf dem Platz des Meisters im Herzen seiner Stadt.

Anselm und Elias.
Das Phänomen der Einzigartigkeit
des Hollschen Rathauses

Stefan Lindl

Ein solches Bauwerk, auf das ich von oben herunterblickte, hatte ich noch nie gesehen. Es gelang mir nicht auf den ersten Blick das Entstehungsjahrhundert auch nur annähernd zu schätzen. 17. Jahrhundert? 18. Jahrhundert? Oder doch eher spätes 19. oder gar frühes 20. Jahrhundert? Die Bergkulisse im Hintergrund, eingebettet in gleißendem Himmel, ließ mich nach der Sonnenbrille tasten. Ich saß an meinem Schreibtisch und blickte zu diesem Rätsel aus Stein und Glas. Es reckte sich vor mir in die heiße Luft der Hundstage. Doch so fremd es mir war, so sehr es meinen hermeneutischen Horizont überstieg, so nah und vertraut schien es mir. War es ein Turm oder ein Hochhaus? Konnte es ein Hochhaus in den früheren Jahrhunderten geben? Türme sehr wohl, die Stadtansicht von Bologna zeigt ein mittelalterliches Manhattan.

Aber das vor mir, das war seltsam anders, das war kein Geschlechterturm, das war nicht die Kapitale der Emilia, das war nicht San Gimignano, auch nicht Regensburg, das war kein Donjon. Keine der üblichen Kategorien schien zu passen. Nicht Haus, nicht Turm, am ehesten ein Hochhausturm und doch auch irgendwie ein Palast mit seltsamen Proportionen. Auch vermeinte ich in dem Gebäude eine Karikatur von einem anderen Bauwerk wahrzunehmen, das ich sehr wohl kannte, das mir ungemein vertraut war.

Drei Baukörper vereinten sich zu einem Bauwerk. Ein hoher langgezogener mittlerer vertikal-rechteckiger Baukörper, der auf der Vorder- und Rückseite durch Apsiden eine hervorgehobene Positionierung als Risalit erhielt. An seine Seiten schmiegten sich zwei weitere, nicht so hohe Bauteile, die deutlich abgesetzt waren. Weiße Lisenen strukturierten mit verschiedenen Fensterformen in den jeweiligen Geschossen die grauen Fassaden. Alle drei Bauteile waren durch Flachdächer gedeckt. Auf dem Dach des Mittelrisaliten hingegen drängten sich runde Kuppeltürmchen. Gerade der fehlende Dachstuhl machte das Gebäude so untaxierbar.

Seit wann gibt es Flachdächer, die das darunterliegende Gebäude nicht zerstören, weil ihre Entwässerung funktioniert? Wer verfügte über Kenntnisse und Praktiken in früheren Jahrhunderten, so etwas auszuführen?

Das hohe Bauwerk stand auf einer alle Bauteile verbindenden Rustikazone. Über dem prächtigen Eingangsportal saß ein Balkon. Wenn es aus der Frühen Neuzeit stammen sollte, dann musste es ein kaiserliches Bauwerk sein. Balkone zeigten immer die mögliche oder ersehnte Präsenz von Kaiser und Kaiserin an. Natürlich, das war der Mathematische Turm der Abtei Kremsmünster und ja, er hatte etwas mit einer Kaiserin zu tun. Hätte Maria Theresia nicht die Ritterakademie in Kremsmünster eingerichtet, es wäre dieser berühmte Turm wohl nicht entstanden. Ein Dilettant, kein Baumeister war für die Planung dieses Observatoriums beauftragt worden, der Benediktinermönch, Philosoph, Historiker und Pädagoge Anselm Desing. Er stammte aus der Oberen Pfalz. In Amberg im

März 1699 geboren, dort auch von den Jesuiten erzogen. In Wien studierte er Philosophie. 1717 kehrte er wieder in die Obere Pfalz zurück und trat in das Benediktinerkloster Ensdorf ein, lehrte in der Folge am Ordensgymnasium in Weihenstephan, promovierte in Salzburg im Fach Philosophie und lehrte im Fürstbistum, bis Meinungsverschiedenheiten bezüglich der Scholastik ihn zum Auszug und Rückzug nach Kremsmünster trieben. Er scheint ein Mann ungewöhnlichen Tatendrangs gewesen zu sein. In Kremsmünster beteiligte er sich am Aufbau der Ritterakademie Maria Theresias, plante und verwirklichte dort den Mathematischen Turm, der nun vor mir stand.

Was hatte den Architekturdilettanten Desing da getrieben? Und was hat er dort vollbracht? Die Benediktiner von Kremsmünster dürfen und können auf ihre jüngere Geschichte nicht stolz sein, auf die ältere durchaus. So verweisen sie stets in jeder Führung durch das Kloster darauf, dass sie das älteste Hochhaus Europas oder sogar der Welt besitzen, den Mathematischen Turm, der sich 49 Meter in die Höhe streckt. Offenbar begrenzte die Höhe der beiden Kirchtürme die Dimensionen des Turms, sie durften wohl nicht übertroffen werden.

Leicht lässt sich der Kremsmünsterer Mythos vom ältesten Hochhaus bezweifeln, denn das höchste Haus mit 57 Meter Höhe stand beinahe 300 Jahre von 1620 bis 1917 in Augsburg. Erst dann wurde es abgelöst vom Behrensbau in Berlin, dessen Turm immerhin einen Meter höher war.

Unweigerlich folgt ein Vergleich von Kremsmünster und Augsburg durch den im 20. Jahrhundert erschaffenen Mythos. Was eher als ein zufälliger Höhenvergleich erscheint, offenbart sich als möglicherweise fundamentale

Aneignung und Adaption. Anselm Desing, der Dilettant, hatte ein Bauwerk geplant, das die Dimension des Hollschen Baus in Augsburg überzeichnete, es aber doch bei genauerer Betrachtung erkennen lässt. Desing stauchte die Dreigliedrigkeit von Holls Bauwerk und erhielt ein Gebäude, das turmartig wurde und viel mehr als das Augsburger Rathaus in den Dimensionen einem Hochaus glich, das Augsburger Bauwerk hingegen verblieb eher in der Kategorie eines hohen Hauses. Den Augsburger Zentralbau, der nur durch eine Rustika von den Seitenflügeln getrennt wird, bildete Desing in Kremsmünster als Eingangsrisalit aus. Die beiden flachgedeckten Altanen auf den Seitenflügeln, die Elias Holl mit Zwiebeltürmen bestückt hatte, dienten Desing als Plattformen für die Himmelsschau. Den Giebel und den Dachstuhl des Augsburger Zentralbaus übernahm Desing nicht. Auch dort schuf er einen Altan, um eine weitere, noch höhere Beobachtungsplattform zu erhalten, auf die er drei Kuppelbauten des Observatoriums stellte.

Wie auch immer Anselm Desing zu Elias Holl stand, sein Bauwerk liegt ästhetisch und baulich näher am Augsburger Rathaus als an irgendeinem anderen Mathematischen Turm, wie in Breslau oder in Wien, oder einem Observatorium wie in Paris. Ganz von selbst ergibt sich eine Beobachtung, die auffällig erscheint. Elias Holls Hauptwerk war seit den 1620er Jahren weithin bekannt, weithin besprochen. Trotzdem blieb es bis auf den Kremsmünsterer Turm wohl solitär. Dabei spiele ich nicht nur auf die sakral belegten Zwiebeltürme an, die Holl gegen den Widerstand des Rats durchsetzen konnte.

Also: Wo – abgesehen von Kremsmünsters Mathematischem Turm – findet sich das Hauptwerk von Elias

Holl aufgenommen, weitergeführt, zitiert? Kremsmünster dürfte eine Ausnahme sein.

Das Hauptwerk von Elias Holl ist in sich einmalig, obwohl es aus dem zeitüblichen Formenspektrum des Palastbaus zusammengesetzt ist. Es sind die Seitenflügel mit ihren Altanen und den Zwiebeltürmen, die das gesamte Bauwerk zum Besonderen erheben. Wären die Seitenflügel wie üblich wohl durch ein Pult- oder Walmdach behütet worden, das Augsburger Rathaus wäre ein langweiliges, wenn auch prunkvolles Palastgebäude. Flachgedeckte Altanen und sakrale Zwiebeltürme machen dagegen das Gebäude unverkennbar. Wenn wir einmal ehrlich sind: Es ist kühn, es ist schräg, es ist verrückt, es ist sprechende Architektur. Darin liegt die Größe des Rathauses und Elias Holls. Aus der oberösterreichischen Perspektive wird diese Besonderheit Augsburgs deutlicher. Sie zeichnet scharf, was dieser spielerische Baumeister in die Welt gesetzt hat.

Jens Baiter:
»Handwerkerprobleme – ein zeitloses Phänomen«

Für alle Fälle gerüstet.
Elias Holl und die Wehrhaftigkeit
der Reichsstadt Augsburg

Renate Miller-Gruber

Auch Wehrhaftigkeit und Verteidigungsfähigkeit waren um 1600 für eine Stadt von Augsburgs Bedeutung ein ernstes Thema. Kriege, internationale Finanzkrisen, Seuchen und Missernten hatten die einst reiche Stadt in der 2. Hälfte des 16. Jahrhunderts in wirtschaftliche Schwierigkeiten gebracht, von der sie sich nur langsam erholte. Man war gezwungen gewesen zu sparen, manch notwendiges und erwünschtes Bauprojekt war liegen geblieben. So stand am Beginn von Elias Holls Karriere ein hoher Nachholbedarf. Gleichzeitig war mit den Investitionen in Neu- und Ausbauten ein Anschub der städtischen Wirtschaft, insbesondere des Baugewerbes, verbunden.

Augsburg, seit dem Mittelalter durch einen Ring aus Mauern und Toren befestigt, war also gut beraten, sich in den unruhigen Zeiten am Ende des 16. Jahrhunderts um die Aufrüstung der Stadt zu kümmern, um für alle Fälle gewappnet zu sein. Die Leitung des Verteidigungswesens lag an höchster Stelle in den Händen des paritätisch besetzten Rats der Stadt, der auch die Entscheidungen über militärische Einsätze traf. Damit sich die Bürgerschaft im Ernstfall zur Wehr setzen konnte, mussten genügend Waffen und Munition bereitstehen, strategisch gut untergebracht und sicher verwaltet. Es mussten die Verteidigungsanlagen – die Stadtmauern, Bastionen und Wälle – kontrolliert und in Stand gehalten, Tore erhöht und Brücken erneuert werden. Verantwortlich für die Verwaltung der Waffenarsenale und die allgemeine Sicherheit waren zwei Ratsherren, die sogenannten Zeugmeister, die das Zeugamt leiteten. Ihnen unterstanden der Zeugwart, Aufseher über das Zeughaus, der wiederum mehrere Bedienstete hatte, sowie die Büchsenmeister, denen die Geschützgießer zuarbeiteten. Die Ausführung aller notwendigen Bauarbeiten, Neubauten und Ausbesserungen beaufsichtigte der Stadtwerkmeister.

Bis zum 15. Jahrhundert waren Augsburgs Waffen in der Rüstkammer des alten Rathauses untergebracht. Als mehr Lagerplatz und Werkstätten für Geräte und Geschütze nötig wurden, fand sich ein geeignetes Terrain nahe der nordöstlichen Stadtbefestigung, bei der sogenannten Judenbastei. Unweit davon, am Katzenstadel, wurden Anfang des 16. Jahrhunderts ein Gießhaus und daneben ein erstes separates Zeughaus errichtet, sodass nun Produktions- und Lagerstätte beieinander lagen. Das Augsburger Gießhaus, in dem nicht nur Kanonenkugeln und Geschützrohre, sondern auch Glocken, Wasserrohre und die kunstvollen Figuren für die neuen Prachtbrunnen gegossen wurden, brannte im Laufe des Jahrhunderts zweimal ab. 1601 hatte der Dachstuhl durch die hohe Temperatur der Schmelzöfen und durch Funkenschlag erneut Feuer gefangen, ein Neubau war dringend notwendig. Zuständig war der damalige Stadtwerkmeister Jakob Eschay, dem diese Aufgabe jedoch aus Altersgründen nicht mehr zugetraut wurde. Stattdessen wandte sich das Baumeisteramt an den jungen, eben aus Italien zurückgekehrten Elias Holl mit der Bitte, er möge einen Entwurf und Kostenvoranschlag für ein solide gewölbtes Bauwerk einreichen.

Elias Holl, der bei seinem Vater Hans das Maurerhandwerk erlernt und 1596 den Meistertitel erworben hatte, sammelte erste selbständige Bauerfahrungen im Dienste der Fugger sowie beim Bau privater Wohn- und Geschäftshäuser in der Innenstadt, bevor er sich im Herbst 1600 in Venedig an der italienischen Architektur weiterbildete. Der Bau des Gießhauses nach seiner Rückkehr war der erste städtische Auftrag. Es ging zwar nicht um ein repräsentatives Gebäude in zentraler Lage, aber doch um einen für die Wehrhaftigkeit der Stadt ungemein wichtigen Zweckbau.

Holl errichtete in den Jahren 1601/02 am Katzenstadel einen eingeschossigen, massiven Ziegelbau mit Satteldach über rechteckigem Grundriss. Das Innere bildete eine dreijochige Halle mit zwei wuchtigen Mittelpfeilern, die von Kreuzgratgewölben geschlossen wurde. Zwei Schmelzöfen und eine große Dammgrube waren hier untergebracht. Im Osten schloss eine Werkhalle mit fünf schmalen Kreuzgratgewölben an, im Norden ein Bohrturm, in dem die langen Geschützrohre mit einer Bohrstange exakt bearbeitet werden konnten. Wolfgang Neidhart, ab 1597 städtischer Leiter der Gießhütte, beaufsichtigte alle hier ausgeführten Metallarbeiten, unter anderem die Herstellung der Bronzefiguren für den Herkulesbrunnen (1602). Die Geschützherstellung wurde nach einiger Zeit aufgegeben, das Gießhaus stillgelegt und im 19. Jahrhundert ganz aufgegeben. Der Holl'sche Bau erlitt 1944 schwere Schäden, wurde 1969 renoviert und beherbergt seit 1988 die Schulbibliothek des Stettenschen Instituts. Erhalten blieb der Bohrturm und die ehemalige

Gießhalle bekam ein Pultdach. Heute noch zu erkennen sind die von Holl eingefügten Fenster, Teile des Hauptportals sowie Strebepfeiler an den Außenmauern.

Es mag Zufall sein, dass Elias Holl gleich nach seiner Berufung zum Stadtwerkmeister im Sommer 1602 erneut mit einem Zweckbau beauftragt wurde, dieses Mal jedoch an repräsentativer Stelle in der Stadt.

Nachdem 1593 das Untere Zeughaus am Katzenstadel abgebrannt war, entschloss sich die Stadt 1598, das Zeughaus in die Innenstadt zu verlegen und dazu das bereits als Waffendepot genutzte städtische Kornhaus hinter St. Moritz durch einen Anbau zu vergrößern. Die Lage erwies sich als strategisch und städtebaulich günstig. Zwar war die Pfaffengasse eng bebaut, aber nach Osten gegen den Klosterbezirk von St. Moritz öffnete sich ein breiter Straßenraum. Es handelte sich zudem um einen Bereich, in dem die Familie Fugger zahlreiche Grundstücke und Häuser und damit auch Machtpotential besaß. Durch den Bau eines großen militärischen Gebäudes zeigte die Reichsstadt Präsenz in diesem bürgerlichen Bezirk und bildete ein Gegengewicht zu der kirchlichen und patrizischen Umgebung.

Die Baumaßnahmen lagen ursprünglich in den Händen des schon älteren Stadtwerkmeisters Jakob Eschay. Der neue Flügel sollte im rechten Winkel an das gotische Kornhaus angesetzt, gleichsam in den bestehenden Bau hineingeschoben werden, wozu dieser im nördlichen Teil entkernt wurde und vier Pfeiler entfernt wurden. Ein passender Übergang musste geschaffen, Niveauunterschiede mussten ausgeglichen und ein Treppenturm im Stoß musste angefügt werden. Genauere Planungen von Eschay sind nicht erhalten. 1601 erhielt er einen stattlichen Betrag für seine Leistungen, doch dann stagnierten die Arbeiten, da sich an der Schnittstelle von Alt- und Neubau Risse zeigten.

Hier nun trat wieder Elias Holl in Aktion, zu jener Zeit noch mit der Ausführung des Gießhauses beschäftigt. Als neu eingesetzter Stadtwerkmeister wurde er 1602 von seinen Dienstherren aufgefordert, die Baustelle am Zeughaus zu besichtigen. Holl stellte bei der Begutachtung gravierende Mängel fest. »Denn sy maureten // eine zeit, brachs wid[er] ab und wüste niemandt, waß // für eine ordnung darin gehalt[en] wurde und könte endtlich // weder der maister noch ballier recht sagen, wie sie es // vorhetten, war alß auf den geradtwol gestelt ...« Holl monierte in seinen Aufzeichnungen ferner die »Schräge« des Gebäudes, Fehler in der Gewölbekonstruktion und den Einbau einer Wendeltreppe an falscher Stelle. Im Auftrag der Stadt sollte er neue Vermessungen vornehmen, ein »Visier«, also einen Bauplan, erstellen sowie die fehlerhaften Teile abbrechen lassen.

Holl übernahm sogleich die Arbeiten, ein eigenhändiger Entwurf, der die Veränderungen kenntlich macht, ist leider nicht überliefert. In den Größenverhältnissen orientierte sich der Neubau am alten Kornhaus, sodass nach außen die stimmige Zweiflügelanlage entstand, wie wir sie noch heute sehen. Über einem hohen Erdgeschoss erheben sich zwei Obergeschosse, darüber ein vierstöckiges Dach mit Gauben, dessen Giebel nun nach Osten blickt. Im Innern dominiert eine geräumige Geschützhalle, die wegen des hohen Bodendrucks nicht unterkellert wurde. Da sie als Unterbau für die oberen Lagerschosse diente, war andererseits eine gewölbte Deckenkonstruktion notwendig. Eine solche massive Bauweise gewährte neben

der Sicherheit auch verbesserten Feuerschutz. Ein Groß-
raum mit Stützen – ohne Zwischenwände – wiederum
bot eine Vielzahl von Stell- und Rangiermöglichkeiten für
schwere Geschütze und Geräte bei gleichzeitig optimaler
Übersichtlichkeit.

Holls Geschützhalle, dreischiffig und mit zehn Jochen,
erscheint viel lichter und eleganter als die mittelalterliche
Halle des Kornhauses. Schlanke, leicht geschwellte Säulen
in toskanischer Ordnung aus gelblichem Jurakalk tragen
in zwei Reihen zwischen Gurtbögen das Kreuzgewölbe.
Die Bildhauerarbeiten an den Säulen und den Wandkon-
solen, die durch unterschiedliche Tier- und Maskenmo-
tive verziert sind, wurden von dem Stadtsteinmetz Lien-
hard Kreuzer und seinen Mitarbeitern ausgeführt. Sowohl
in den Proportionen als auch in der Ausführung und den
Schmuckelementen überraschend feingliedrig für einen
funktionalen Raum, gehört er für den Kunsthistoriker
Norbert Lieb »zu den besten Säulenhallen der späten Renaissance«.

Bei aller Eleganz diente die Halle in erster Linie als
Waffenarsenal. Es gibt keine zeitgenössische bildliche
Darstellung des Inneren, da dies wohl der Geheimhaltung
unterlag. Aber aus Beschreibungen ist zu entnehmen,
dass Kanonen dicht gereiht standen, Kugeln in Gruppen
beieinander lagen und Stellagen mit Waffen bestückt
waren. Auch die oberen Geschoße wurden als Depot für
Kriegsgerät genutzt.

War schon die Säulenhalle von Holl mit repräsentati-
vem Anspruch gestaltet worden, so setzte die dem Platz
zugewandte Ostfassade einen weiteren, demonstrativen
Akzent. Die Initiative dazu stammte von dem Leiter des
Baumeisteramtes Matthäus Welser, der dem neuen Zeug-

haus eine besondere Präsenz verleihen wollte. Der architektonische Gesamtentwurf für die Fassade geht auf den Maler-Architekten Joseph Heintz d.Ä. zurück. Von ihm stammt eine Zeichnung aus dem Jahr 1602, die eine deutliche vertikale und horizontale Gliederung durch Pilaster und Gesimse, unterschiedliche Fensterformen sowie einen Blendgiebel vor der Dachzone mit Voluten, Kugeln und einer Zirbelnuss im gesprengten Aufsatz erkennen lässt. Typisch für die Versinnbildlichung der Wehrhaftigkeit ist der Einsatz von rustizierten Ecken und Fensterrahmungen. Ungewöhnlich dagegen ist der figürliche Schmuck an der Fassade. Nach den Vorstellungen des Baumeisteramtes sollte nicht, wie im Entwurf angedacht, eine Figur der antiken Göttin Minerva über die Waffen wachen, sondern, wie dann 1603 im Vertrag mit dem Bildhauer Hans Reichle vereinbart, ein stehender oder schwebender Erzengel in »romanischer Armatur«, mit Lanze oder Spieß, ihm zu Füßen Luzifer, dazu Engel mit kriegerischen Attributen. Reichle realisierte eine monumentale Figurengruppe, die 1607 in einer aufwendigen Aktion unter Leitung von Elias Holl über dem Portal angebracht wurde: Der Hl. Michael, mit empor gehaltenem Flammenschwert, triumphiert über Luzifer und drückt ihn nieder. Eine solche Darstellung am Zeughaus konnte allgemein als Manifestation der Wehrhaftigkeit verstanden, aber auch als Triumph der Katholiken über die Protestanten ausgelegt werden. Mit dieser imposanten Fassade setzte der Neubau einen wichtigen städtebaulichen Akzent, die Stadt zeigte selbstbewusst ihre Stärke.

Elias Holl avancierte in den folgenden Jahren zum stilprägenden Architekten in Augsburg. Unter all den unter seiner Leitung ausgeführten öffentlichen und privaten

Bauten ist natürlich das in den Jahren 1615 bis 1620 er-richtete Rathaus sein Glanzstück. Wie kein anderes Ge-bäude prägt es bis heute das Zentrum der Stadt und zeugt von dem reichsstädtischen Anspruch, durch die großzügi-ge Anlage auch einen Ort für den Kaiser und das Reich zu schaffen. Gleichzeitig ist es Ausdruck der geglückten Liai-son von Stadtregierung und dem verantwortlichen Stadt-werkmeister Elias Holl. Er erwies sich bei diesem Projekt nicht nur als technisch versierter Bautechniker, der diffi-zile Probleme lösen und schwierige bauliche Situationen bereinigen konnte, weshalb er auch auswärts häufig als Gutachter herangezogen wurde. Er war zugleich ein ein-fallsreicher Architekt auf der Höhe seiner Zeit mit Sinn für repräsentative Wirkung, der mit zahlreichen Hand-werkern und Künstlern produktiv zusammenarbeitete, um dieses Stadt- und Reichshaus zu realisieren.

Daneben blieb der Stadtwerkmeister, wie wir wissen, für alle praktischen Bauarbeiten der Stadt zuständig, für Vermessungen, für den Ausbau der Wasserversorgung, den Kanal- und Brückenbau, ebenso wie für die Instand-haltung der Stadtbefestigung. Holl war kein Festungs-baumeister im engeren Sinn, der sich auf die Neuanlage mächtiger Bollwerke spezialisiert hatte. Der äußere Mau-erring seiner Heimatstadt war mit Toren und großen Eck-bastionen, knapp hundert Jahre zuvor, zwischen 1519 und 1559, gebaut worden.

Während seiner Amtszeit war Holl mit einer Vielzahl von notwendigen Renovierungen, Um- und Neubauten im Zusammenhang mit der Stadtbefestigung beschäf-tigt. Zwischen 1605 und 1625, so steht es in der Schrift zum Rathaus von 1985, führte er mehr als zwanzig Bau-maßnahmen aus: sechs der zehn Stadttore wurden neu-

oder wesentlich umgebaut, sieben Mauertürme erneuert, Stadtmauern ausgebessert und erhöht, Bastionen erweitert und Brücken über den Stadtgraben geschlagen. Holl war präsent, wenn jährlich Schießübungen an den Bastionen stattfanden.

Alle diese Unternehmen standen in erster Linie unter dem Vorzeichen der Sicherheit der Stadt. Bei einigen Lösungen Holls, wie bei den architektonisch reich ausgestalteten Turmaufbauten, scheinen für ihn ästhetische Gesichtspunkte ebenso wichtig gewesen zu sein wie wehrhafte. Drei innerstädtische Tore wurden so gestaltet, dass sie großflächig bemalt werden konnten.

Die katastrophalen Zeiten, die Augsburg in den 1630er Jahren als Zankapfel der Parteien des Konfessionskrieges durchmachte, markierten auch das Ende der Wirkungszeit von Elias Holl. Das in Augsburg jahrzehntelang praktizierte Zusammenleben der Konfessionen, die paritätische Besetzung der Ämter in der »Toleranz«, fand 1629 ein jähes Ende mit dem von Kaiser Ferdinand II. durchgesetzten Restitutionsedikt. Im Zuge einer radikalen Rekatholisierung wurden alle protestantischen Gotteshäuser geschlossen und Protestanten aus dem öffentlichen Dienst entlassen. Holl als bekennender Protestant wurde zunächst beurlaubt und 1631 im Alter von 58 Jahren offiziell verabschiedet. Er verlor nicht nur sein mit Engagement und überragendem Können ausgeführtes Amt, sondern auch Dreiviertel seiner Ersparnisse, die er bei der Stadt verzinslich angelegt hatte.

Unterdessen spitzte sich die kriegerische Lage zu. Schwedische Truppen unter Gustav II. Adolf besiegten 1632 in Rain am Lech die von Graf Tilly geführte katholische Liga und rückten gegen Augsburg. Zu Gefechten im

Stadtgebiet kam es nicht, die Übernahme durch die Schweden erfolgte kampflos. Unter den Schweden erhielten die Protestanten Kirchen und Ämter zurück. Auch Elias Holl wurde wieder eingestellt und arbeitete nun, wie könnte es anders sein, vor allem an Fortifikationen. Die Befestigungen sollten verstärkt und durch gigantische Anlagen nach den Plänen des schwedischen Ingenieurs General de Traitorrens erweitert werden. Im Norden, Osten und Süden von Augsburg wurden Bastionen, Wälle und Gräben nach »niederländischem System« angelegt. Welche Arbeiten Holl damals, unter der Leitung von Zeugmeister Leonhard Weiß, ausführte, ist nicht dokumentiert.

1635 belagerten die Kaiserlichen Armeen die Stadt und blockierten die Versorgung der Bevölkerung. Tausende Menschen verhungerten und starben an der Pest. Nach Verhandlungen zogen die ebenfalls von Nachschub und Entsatz abgeschnittenen Schweden ab. Einige der protestantischen Bürger verließen mit ihnen Augsburg, darunter zwei Söhne von Elias Holl. Die Katholiken übernahmen wieder die Stadtregierung, Holl verlor damit endgültig seine Stellung. Die Arbeiten an der inneren Stadtumwallung wurden von den Kaiserlichen Truppen noch bis 1638 fortgesetzt, die weitläufigen äußeren Schanzen bereits ab 1645 wieder abgetragen.

Elias Holl verstarb 1646. Er, dessen Leben vornehmlich der Funktionsfähigkeit, dem Schutz und nicht zuletzt der Schönheit seiner Stadt gewidmet war, musste am Ende erfahren, dass alle herkömmliche Wehrhaftigkeit, weder Mauern noch Kanonen, sie vor Elend und Unglück des Krieges bewahren konnten. Seine Bauten, Zeugnisse einer bürgerstolzen Zeit mit Sinn für Ästhetik, blieben der Stadt erhalten und prägen sie bis heute.

*Weiterführende Literatur: Renate Miller-Gruber, Gode Krä-
mer: 400 Jahre Augsburger Zeughaus. Das reichsstädtische
Waffenarsenal von Elias Holl, Augsburg 2007, Norbert Lieb:
Das Zeughaus der Reichsstadt Augsburg, in: Rettet das Augs-
burger Zeughaus, Augsburg 1967 und Elias Holl und das
Augsburger Rathaus, Ausst. Kat. Augsburg 1985*

Elias Holl –
der gemainen statt werckhmaister

Bernhard Niethammer

Vor 450 Jahren wurde als Sohn des Johannes Holl der Augsburger Stadtwerkmeister Elias Holl geboren. Er war der Schöpfer einer Reihe von bis heute für die Stadtgeschichte ebenso wie für die Stadtgestalt bedeutsamer Bauten, die den Ruf von Augsburg als Renaissancestadt in der Kunstwissenschaft begründen. Trotzdem kam die kunstwissenschaftliche Forschung in Bezug auf die Bedeutung des Elias Holl und seines Werkes zu unterschiedlichen Ergebnissen. Seine Würdigung schwankt zwischen der eines gelehrten Architekten, der seine Arbeiten auf einem theoretisch-intellektuellen Fundament gründete, und der eines praktischen Baumeisters, der seine Ideen mehrheitlich aus der engen Kooperation mit anderen namhaften Künstlern innerhalb der Augsburger Bauverwaltung bezog. Namentlich wird hier wiederholt auf die Tätigkeit der beiden Maler Joseph Heintz und Matthias Karger hingewiesen, die zahlreiche Entwürfe im Stil der Zeit entwickelt hatten, die Holl lediglich bautechnisch umsetzen musste. Und auch die erst 2016 erschienene Werkmonografie von Eva Haberstock bleibt einer klaren Verortung der von Elias Holl geschaffenen Werke im Wesentlichen schuldig. Gleichwohl führt sie anhand zahlreicher Neuzuschreibungen von Architekturzeichnungen sowie archivalischer Quellen die große Bandbreite des Hollschen Schaffens innerhalb der hierarchischen Strukturen der städtischen Bauverwaltung vor Augen. Mit Recht weist sie darauf hin, dass die Gesamtschau der jetzt erstmals in toto edierten, schriftlichen und zeichnerischen Zeugnisse des Elias Holl ein hohes Maß an technischem Verständnis, an Kenntnis der zeitgenössischen Architekturtraktate sowie seinen Anspruch an Wissenschaftlichkeit offenbart. Letztere kommt vor allem im sogenannten Zeichnungsbuch zum Tragen, in dem er basierend auf seinem baupraktischen Wissen und dem Studium architekturtheoretischer Schriften allgemein gültige, praxisnahe Regeln der Baukunst formulierte. Letztlich entwickelte sich seine kunsthistorische und baugeschichtliche Bedeutung, so Haberstock, aus genau diesen bau- und ingenieurtechnischen Leistungen. Die entwerferischen Fähigkeiten spielen demnach eher eine nebensächliche Rolle, wie es ja auch schon die ältere Literatur immer wieder postuliert.

Die kritische Betrachtung der von Elias Holl realisierten Projekte, aber auch seine schriftlichen Zeugnisse auf dem Gebiet der Bau- und Vermessungskunst werfen die Frage auf, wie sich der Meister selbst im Kontext seiner Zeit verstanden hat. War Elias Holl der Renaissancearchitekt, für den ihn gerade die ältere Literatur gerne gehalten hat, oder war er vielmehr *der gemainen statt werckhmaister?*

Als am 28. Februar 1573 Elias Holl, Sohn des Johannes Holl und der Barbara Hohenauer, in Augsburg das Licht der Welt erblickte, befand sich seine Heimatstadt seit nahezu einem Jahrhundert in einem rasanten Transformationsprozess. Dieser nahm, den erhaltenen Quellen nach, im letzten Drittel des 15. Jahrhunderts seinen Anfang, als immer mehr Stadtbürger mit dem Umbau ihrer bisher meist hölzernen Häuser nach zeitgenössischen Vorbildern begonnen hatten. Damals hatten lediglich vereinzelt steinerne Patrizierhäuser existiert, die nicht nur mehrere Parzellen in sich vereinten, sondern auch einem aufwändigen architektonischen Programm folgten. Dessen Wurzeln basierten einerseits auf den Inventionen Augsburger Künstler, vor allem namhafter Maler, andererseits auf den vielfältigen Ideen, die Augsburger Kaufleute von ihren Reisen mitbrachten. Mit dem Transformationsprozess entstand vor Ort allmählich ein regelrechtes Zentrum der Fassadenmalerei, dessen Ausläufer bis zum Ende der Reichsstadt 1806 in Form der Augsburger Malerakademie fortbestanden. In diesem Spannungsfeld zwischen Architektur und Malerei entwickelte sich um die Wende zum 16. Jahrhundert der bis zum Ende der Reichsfreiheit prägende Bautyp des Augsburger Bürgerhauses, welches sich mehrheitlich um einen von Arkaden gesäumten Innenhof gruppierte. Die zur Straße traufständig orientierten Schaufronten, nicht selten mit einer aufwändigen Fassadenmalerei verziert, zeigten neben Flacherkern auch verschiedene Dachaufbauten, meist in Form von mehrgeschossigen, polygonalen Türmchen mit vielfach noch gotisierenden Hauben. Die Basis der Türmchen bot nicht selten Platz für die Dachluken, die man zur Einlagerung der Waren in den hohen Dächern benötigte. Letztlich trafen an dieser für die Architektur wichtigen Stelle Funktion und Gestaltung zusammen und es entwickelte sich ein Gestaltungselement, das bis weit ins 16. Jahrhundert für die herrschaftlichen Häuser, besonders entlang der Maximilianstraße, bestimmend gewesen ist.

Und genau in diesem für das Bauwesen fruchtbaren Umfeld konnte bereits der Vater von Elias Holl eine Vielzahl an Bauprojekten realisieren. Oft brach er bestehende hölzerne Häuser ab und ersetzte sie durch neue steinerne Gebäude. Der dezidierte Wille zur Gestaltung – der Baumeister tritt hierbei aus der Masse der anonymen Handwerker als gestaltendes Individuum hervor – wird bei den in der Hauschronik der Familie Holl schriftlich festgehaltenen Arbeiten am eigenen Wohnhaus in der Werbhausgasse 2 deutlich. Hierzu schreibt Holl, dass sein Vater im Jahr 1564 »[...] sein hauß, so vor dem weisenhauß herüber stehet, auch von // grundt auf neu gebauet [hat], mit einem schönen zierlich[en] außschuß, // vier gaden hoch und hat dises hauß unden feine gewolbte keller // durchaus und drey läden, ein waschkuchen und badstuben, [...]«. Diesen Zeilen ist zu entnehmen, dass Johannes Holl sein Haus vollkommen neu errichtete und dabei Wert auf verschiedene Annehmlichkeiten wie zum Beispiel eine Badestube legte. Diese Einrichtung, die man nicht unbedingt im Umfeld einer Maurerfamilie vermuten würde, zeugt von umfassender Kenntnis der Baukultur jener Zeit. Neben der Badestube spielt der schöne, zierliche Ausschuss, der Erker, eine wichtige Rolle im Bauschaffen des Johannes Holl. Dieses häufig filigrane Gestaltungselement, stets über mehrere Geschosse in die Höhe reichend, tritt nun immer vor die Fassade in den Straßenraum. Durch diese gezielte gestalterische Intervention durchbricht Holl den sonst nur wenig gegliederten öffentlichen Raum. Damit setzt er sich bewusst über die bisherige Architekturauffassung hinweg, die Fassaden stets als ungegliederten Malgrund für die aufwändigen Malereien der Freskanten und Maler verstanden hat.

Trotzdem bewahrte Holl die Balance zwischen Flächigkeit und Gliederung der Fassaden, die später sein

Sohn bei seinen Bauprojekten gleichsam bis zur Perfektion ausformulieren sollte.

Ein weiteres Merkmal Hollscher Bautätigkeit war die nun durchgängige Wölbung der Räume im Erdgeschoss, die vermutlich nur wenige Jahre vorher meist noch mit flachen, hölzernen Decken versehen waren. Auch seine Seitenflügel entwickelten nun eine eigene Gestaltung. Über Säulen gewölbte Arkadengänge wurden diesen vorgelagert und das Ganze nicht selten mit einem kupfergedeckten Flachdach versehen. Letztlich entstanden so Baugruppen, die im Bild der Stadt nicht nur die Straßenzüge dominierten, sondern durch die oftmals große Tiefe der Anlagen ganze Parzellen in ihrer Gestalt bestimmten. Als Weiterentwicklung ist in diesem Kontext vermutlich die 1571 von Johannes Holl erstmals angewandte Technik der nur halb vorgewölbten Umgänge zu werten. Hierzu schreibt Elias Holl, dass diese »[...] so sonsten noch niemahlen gesech[en] worden. Er hats // auf sein gefahr alsp wagen müeßen, dann der bauherr // Widholtz hatt geförcht, sy mögen herabfallen. // [...]«. Doch was bedeutet dieses Selbstzeugnis eigentlich? Die noch heute bei zahlreichen Arkadenhöfen Augsburger Häuser zu findende Konstruktion basiert auf einem halbierten Kreuz- bzw. Tonnengewölbe. Dieses ist mit eisernen Schlaudern und einem durchgehenden, hölzernen Ankerbalken mit der Mauer der Abseite verbunden. Es entsteht eine statisch bestimmte Kragarmkonstruktion, die aber nicht selten noch den gepflasterten Boden der nächsten Umgangsebene tragen muss. Nach der Hauschronik wurde diese Technik von Johannes Holl erstmals bei Haus Philippine-Welser-Straße 9 angewandt. Sie zeugt von einem hohen Maß an Verständnis für technische Fragen, das von Elias Holl nur wenige Jahrzehnte später zu großer Könnerschaft gebracht wurde.

Neben diesen technischen Neuerungen wandte sich Johannes Holl auch dem Gebäudeinneren zu. Seine Projekte zeigen immer deutlicher das Bestreben nach einer Neustrukturierung der Grundrissdisposition. Ausgangspunkt ist immer eine zentrale, überwölbte Erschließungsfläche mit integriertem Treppenraum als Bindeglied zwischen Außen- und Innenraum. Rückwärtig schließt sich stets eine Hoflaube an, die einen geschützten Außenraum schafft. Die Wölbung folgt nun ganz dem Stilempfinden der Zeit, ehemals gotisierende Rippen werden zu flachen Gurten und die Säulen nähern sich immer deutlicher den klassischen Proportionsverhältnissen an. Die Kapitelle wiederum zeigen sich als eigenständige Interpretationen dorischer bzw. toskanischer Art. Holls reifste Leistung ist in diesem Zusammenhang mit Sicherheit die noch heute erhaltene, 1578 entstandene Säulenhalle des sogenannten Köpfhauses, die wohl als direktes Vorbild für die große Säulenhalle in Schloss Babenhausen anzusprechen ist.

Eine Zäsur im bisherigen Wirken von Johannes Holl dürfte schließlich die Ernennung zum Werkmeister der Fugger am 6. Dezember 1573 gewesen sein. Jetzt hatte er Zugang zu den im Umfeld seiner Stadt bedeutendsten Auftraggebern, deren direkte Verbindungen nach Italien neue Einflüsse für sein Schaffen mit sich brachten. Was jedoch keineswegs heißt, dass Holl sich von nun an des über Architekturstiche und Architekturtraktate übermittelten Formenreichtums der italienischen Renaissance bediente. Vielmehr entwickelte er für seine Bauaufgabe eigenständige Lösungen. Diese griffen zweifellos auf Elemente der damals in Italien, und hier im Besonderen in Venedig verbreiteten Kunstauffassung zurück, ohne dass es aber zu einer bloßen Nachahmung kam. Vielmehr entstanden durch das enge Zusammenwirken von Malern, Bildhauern, aber auch Schreinern neue Formen, die eine eigenständige Interpretation der Renaissancearchitektur ermöglichten. Diese waren so erfolgreich, dass gerade Augsburger Werkmeister bis ins letzte Jahrzehnt des 16. Jahrhunderts an den deutschen Adelshöfen als gefragte Baumeister mit einer Fülle an Aufgaben betraut wurden. Die Nähe der Familie Holl zu den Fuggern befruchtete die Ausbildung des jungen Elias, der mit 13 Jahren dem Vater auf dessen Baustellen helfen musste, ungemein. Ungefähr ab 1586 verbrachte Elias Holl gut ein Jahrzehnt am Hofe des Jakob Fugger-Babenhausen, wo er seine handwerklichen Kenntnisse ebenso wie die Grundlagen des Entwerfens perfektionieren konnte. Es ist anzunehmen, dass der junge Holl auch Einblicke in die 3.300 Bände der Fuggerschen Privatbibliothek erhielt, die ihn mit den damals wichtigsten Werken zur Architektur und Kunst vertraut machten. Und was er dort nicht finden konnte, war in der 1562 erbauten Stadtbibliothek bei St. Anna zu finden. Allein deren programmatische Architektur – ihre sieben Spitzdächer symbolisierten die sieben freien Künste – war Ausdruck eines reichsstädtischen Selbstverständnisses, das zweifellos zu einem eigenen, auf die Stadt und ihre Bürger zugeschnittenen Kunstschaffen führen musste. Doch zurück zu Jakob Fugger, der sehr schnell das Talent des jungen Holl erkannte und alsbald Vater und Sohn den Vorschlag unterbreitete, Elias solle mit seinem Sohn Georg zur weiteren Ausbildung nach Italien reisen. Dieser wohl als Zeichen höchster Wertschätzung geborenen Idee konnte der streng evangelische Vater Holl aus Sorge, sein Sohn würde dort verdorben werden, nicht zustimmen. So arbeiteten Vater und Sohn weiter an verschiedenen Projekten, auch im Auftrag der Fugger. Sie errichteten unter anderem einen Neubau in der Maximilianstraße 21, an Stelle des ältesten Fuggerhauses für deren Diener Hans Mehrer. Dazu brachen sie das alte Haus zur Gänze ab und errichteten zunächst einmal hohe Substruktionen am Steilabfall zum Lech, um den Bauplatz zu ebnen. Im Anschluss erfolgte der Aufbau des an dieser markanten Stelle giebelständigen Vorderhauses, das als repräsentatives Zeichen im Stadtraum einen vor die Fassade tretenden, hohen Flacherker »[...] *mit allerlei // bildern und laubwerckh von gips und hafner erden // gebrendt, geziert [...]*« erhielt. Diese nicht ohne Stolz verfasste Schilderung der Erkerarchitektur kann als Ausweis der handwerklichen Fähigkeiten des jungen Holl gewertet werden, deren Formenschatz als eigenständige Interpretation antiker Vorbilder gelten darf. Die restliche Fassade, die aufgrund der geringen Grundstücksbreite eine deutliche Vertikaltendenz besaß, gliederten profilierte Gesimse in horizontale Abschnitte, sodass hier das Ringen zwischen der Betonung der Vertikale und der Horizontale noch deutlich hervortritt. Die Grundrissdisposition des Vorderhauses stellt nun eine vollkommene Abkehr bisheriger Modelle dar. Das gesamte Erdgeschoss besteht aus einer über steinernen Säulen gewölbten Halle, deren einziger Einbau das freistehende Treppenhaus in der Nordostecke des Raumes gewesen ist. Von dort aus wurden die oberen Etagen erschlossen, die ebenfalls einer klaren Struktur folgten. Den rückwärtigen Abschluss bildete ein Rückgebäude mit einer Altane, die eine weite Aussicht auf das Lechtal bis ins angrenzende Bayern erlaubte.

Als Johannes Holl im Jahr 1594 starb, war sein Sohn Elias Holl noch Maurergeselle und konnte deshalb nach einem Einspruch der Maurerzunft das von seinem Vater begonnene Schuhhaus in der Wintergasse nicht vollenden. So folgten zunächst einige auswärtige Projekte, wiederum auch für seinen Mentor Jakob Fugger. Dieser hatte 1595 die Herrschaft Wellenburg vor den Toren der Stadt Augsburg für 70.000 fl. erworben und wollte nun das dazugehörende Schloss nach seinen Vorstellungen umbauen lassen. Hierfür wählte er seinen Schützling Elias Holl, der zunächst eine neue Toranlage mit Zugbrücke errichten sollte. Für das Bauvorhaben hat sich in den Archivalien der Fugger ein Kostenvoranschlag erhalten, der für den jungen Holl sicherlich bezeichnend ist: Er führt neben den Kosten in detaillierter Art und Weise die auszuführenden Arbeiten bis hin zu den erforderlichen Gerüstböcken und -läden auf. Die hier erstmals zu Tage tretende Präzision in der Darstellung seiner Tätigkeit wird auch in den späteren Jahren nicht nur in seinen zahlreichen Bauzeichnungen, sondern auch in seinen schriftlichen Zeugnissen ihren Niederschlag finden und zeugt schon hier von einem gewissen Selbstbewusstsein und Vertrauen in die eigenen Fähigkeiten. Die Bauarbeiten für das Torgebäude begannen noch im Jahr 1596 und fanden ihren Abschluss 1597. Während dieser Zeit legte Elias Holl vor der Maurerzunft der Stadt Augsburg die Meisterprüfung ab, die ihn nun berechtigte, eigene Projekte in der Stadt zu realisieren. Der angedachte Neubau des Schlosses Wellenburg, für das er bereits Pläne erarbeitet hatte, kam dann durch den plötzlichen Tod seines Auftraggebers nicht mehr zur Ausführung, sodass sich Holl wieder verstärkt um Projekte aus dem städtischen Patriziat bemühte.

Den Einstieg in die Selbstständigkeit als Maurermeister mit eigenem Baubetrieb – Holl hatte im Jahr 1597 bereits zwei bis drei Gesellen sowie einige Hilfskräfte – bildete der Neu- beziehungsweise Umbau des Hauses Maximilianstraße 39. Nach kleineren Vorgängerprojekten konnte er 1598 hier ein erstes großes Bauvorhaben realisieren. Das Gebäude, ein traufständiger, dreigeschossiger Satteldachbau, besitzt im Erdgeschoss eine weitläufige, über vier Säulen gewölbte Halle. Diese weist nach Osten, zum Hunoldsgraben, eine mittige Bogenöffnung auf, flankiert von symmetrisch angeordneten Fensteröffnungen. Dadurch entwickelte Holl eine imaginäre Achse, die er durch das Gebäude legte und anschließend bis zum deutlich tiefer gelegenen Hinterhaus am Hunoldsgraben fortführte. Auch dieses besitzt nun nach Westen, dem Vorderhaus zugewandt, eine Bogenöffnung mit zwei symmetrisch platzierten Fensteröffnungen, die den Blick in eine über zwei Säulen gewölbte Halle freigeben. So entstand letztlich eine symmetrisch um eine Achse gruppierte Hausanlage, die die Tendenz zur Regularisierung des Raumes erkennen lässt. Und genau das versucht Holl bei seinen späteren Bauten im Stadtraum: Es ging ihm wohl vor allem auch um die Schaffung von Raumbildern, denen sich seine Architektur vermutlich nach seinen Vorstellungen bis zu einem gewissen Grad auch unterordnen musste. Doch zurück zum Gebäude Maximilianstraße 39, hier errichtete er als Hinterhaus über einem Gewölbekeller einen kompletten Neubau mit einer klassischen Raumfolge aus Stube, zwei Kammern und einer Küche, erschlossen über eine Laube. Als Besonderheit ist die Pferdetreppe zu werten, die eine Verbindung vom oberen zum unteren Hof herstellen sollte und mit Pferden begangen werden konnte.

Nur ein Jahr später erhielt Elias Holl den Auftrag, das große Bürgerhaus Maximilianstraße 79 umzubauen. Sein Auftraggeber, der Kaufmann Anton Garb, war von den Ideen und Lösungen derart angetan, dass er Holl Ende des Jahres 1600 mit auf eine Reise nach Venedig nahm. Dort konnte dieser gut zwei Monate lang die lokale Architektur studieren und in zahlreichen Skizzen und Notizen für den eigenen Gebrauch dokumentieren. Nach seiner Rückkehr wurde er von der Stadtkommune unter anderem mit dem Neubau des Bäckerzunfthauses am Perlachberg zum Preis von 1.750 fl. beauftragt. Sein eigener Werklohn betrug bei diesem aus Sicht der Bürgerschaft sehr gefälligen Gebäu-de 250 fl. Die Besonderheit bei diesem Bauvorhaben war die erstmalige Anwendung einer weitgehend den Regu-larien folgenden klassischen Säulenordnung, welche sich als tektonisches Gerüst über die breitgelagerte Fassade zum Perlachberg legte. Die nach Westen zur Karolinen-straße orientierte Schmalseite, ebenfalls in dieses System eingebunden, weist jedoch als oberen Abschluss einen mit seitlich einschwingenden Flanken versehenen, von Kugelaufsätzen gekrönten Dreiecksgiebel auf. Auf diese Weise führt Holl italienische und lokale Bautraditionen zu einer Einheit zusammen. Zusätzlich unterstrichen wurde diese wohl als Synthese verschiedener Architek-tur- und Kunstauffassungen zu verstehende Gestaltung durch die ehemals offene Loggia des ersten Obergeschos-ses, die ebenfalls zur Karolinenstraße ausgerichtet war. In der Folge dieses Bauvorhabens beerbte er den alten Stadt-werkmeister Jakob Eschay und trat am 8. Juli 1602 dessen Nachfolge an.

In den folgenden Jahren kümmerte er sich in erster Linie um die Neugestaltung des städtischen Raumes, indem er für die Stadtgestalt wichtige Bauten durch gezielte Interventionen völlig erneuerte beziehungsweise neu errichtete. Dabei zeichnet sich eine Entwicklung hin zur Vereinfachung der Massen unter gleichzeitiger Reduzierung der plastischen Gliederungselemente ab, die im Wesentlichen nur noch aus rustizierten Ecklisenen sowie profilierten Fensterfaschen mit oder ohne Verdachungen bestanden. Höhepunkt seines gestalterischen Schaffens ist zweifelsohne das ab 1615 neu errichtete Rathaus. Diesem ging die Erhöhung des Perlachturmes voraus, der mit Hilfe eines komplizierten, freitragenden Gerüstes aufgestockt und dann mit den aus dem Rathausturm transferierten Glocken versehen wurde. Hierbei zeigen sich wieder einmal die schon bei etlichen anderen städtischen Bauvorhaben bewiesenen statischen und technischen Kenntnisse, die Holl selbst in seiner Hauschronik mit Stolz ausführlich darlegt. Und auch beim Rathaus kommen diese Kenntnisse zum Tragen, konzipiert er doch eine freitragende Decke über dem gut 500 Quadratmeter großen Festsaal, die wiederum in der Lage war, einen Raum oberhalb des Saales aufzunehmen. Dem Rathausbau widmet Holl in seiner Beschreibung der von ihm realisierten Werke zehn Seiten, ohne dass er dabei auf die Innengestaltung einging. Für ihn standen die konstruktivtechnischen Lösungen sowie das äußere Erscheinungsbild des Rathauses klar im Vordergrund. Die gezielte, in der Regel sparsame Verwendung plastischer Schmuckformen kennzeichnen seine auf die Massenwirkung klarer geometrischer Formen abgestimmte Architektursprache. Und auch im Gebäudeinneren findet die Hinwendung zur Anordnung der Räume entlang einer zentralen, schon barock anmutenden Mittelachse im Rathaus seinen Höhepunkt, obgleich er eine ähnliche Raumkomposition bei der gut fünf Jahre zuvor geplanten Willibaldsburg in Eichstätt schon vorgedacht hatte.

In der Gesamtschau lässt sich mit Fug und Recht behaupten, dass der Eintritt in den Dienst der Stadt Holl die Gelegenheit gegeben hat, seine konstruktiv-technische wie auch planerische Begabung voll auszuleben und fortzuentwickeln. Charakteristikum seines Wirkens ist das Spielen mit den geometrischen Formen bei gleichzeitiger Reduzierung auf wenige, für die Außenwirkung wesentliche Elemente: Das Prinzip seiner Architektur basiert auf einer möglichst ungegliederten, breit gelagerten Massenhaftigkeit bei radikaler Unterordnung der Einzelformen. Die anfänglich beim Bäckerzunfthaus noch angewandte Pilastergliederung wird nun durch einfache, anspruchslose Gesimsbänder und Fensterumrahmungen ersetzt, was zu einer Steigerung der Massenhaftigkeit der Baukörper beiträgt. Letztlich macht sich Holl damit aber frei von einer bloßen Nachahmung italienischer Vorbilder und entwickelt dadurch eine ihm eigene, kühl vornehme Formensprache, die ganz seinem eigenen Selbstverständnis als *der gemainen statt werckhmaister* entsprochen hat.

Autorinnen und Autoren

Prof. Dr. Rainald Becker arbeitet bei der Kommission für bayerische Landesgeschichte. Seine Forschungs- und Arbeitsgebiete sind historische Geographie und Topographie sowie Wissen und Bildung in Humanismus und Barock.

Dr. Christoph Emmendörffer leitet seit 1998 das Augsburger Maximilianmuseum und ist Kurator der Elias-Holl-Ausstellung (17. 6. – 17. 9. 2023). Seine Publikationen umfassen Abhandlungen über die Augsburger Kunst- und Stadtgeschichte der Neuzeit sowie Einzelbetrachtungen zu zahlreichen Kunstobjekten.

Felix Guffler arbeitet bei der Bezirksheimatpflege Schwaben. Zu seinen Forschungsschwerpunkten gehören die Sozial- und Kulturgeschichte der Antike und der Neuzeit in Bayern und Schwaben.

Franz Häußler publiziert seit vielen Jahren Beiträge zur Geschichte Augsburgs und seiner Umgebung in der *Augsburger Allgemeine.* Er verfügt über eine umfassende Sammlung historischer Dokumente und veröffentlichte mehrere reich bebilderte Bücher zu Einzelaspekten der Augsburger Stadtgeschichte.

Christoph Lang ist seit 2021 Bezirksheimatpfleger von Schwaben. Sein Arbeitsgebiet umfasst das kulturelle und historische Erbe Bayerisch-Schwabens in all seinen Facetten; darunter nehmen Architektur und Denkmalpflege einen gewichtigen Stellenwert ein.

Dr. Stefan Lindl ist Akademischer Rat am Lehrstuhl für Europäische Regionalgeschichte sowie Bayerische und Schwäbische Landesgeschichte der Universität Augsburg. Seine Forschungsschwerpunkte sind unter anderem Authentizitätsforschung und historisch argumentierende Stadtentwicklung.

Dr. Renate Miller-Gruber ist Kunsthistorikerin und seit 2006 Mitglied im Vorstand des Kunstvereins Augsburg. Sie veröffentlichte zahlreiche Publikationen zur Architektur- und Stadtgeschichte Augsburgs, zur Malerei des 19. Jahrhunderts und zur Kunst der Moderne.

Dr. Bernhard Niethammer leitet seit 2019 das Schwäbische Bauernhofmuseum Illerbeuren. Als Bauhistoriker betreute er zahlreiche historische Gebäude und Bauarbeiten an diesen im Rahmen des Denkmalschutzes. Sein Forschungsschwerpunkt sind historische Bauwerke in Schwaben.

Dr. Wolfgang Wallenta ist Historiker und seit vielen Jahren Stadtführer in Augsburg. Er beschäftigt sich intensiv mit dem Augsburg der Neuzeit und verfasste zahlreiche Bücher und Beiträge zu Themen der Augsburger Stadtgeschichte.

Jens Baiter studierte Kommunikationsdesign und Lehramt in Augsburg. Er unterrichtet Kunst, Technik und Wirtschaft. Im Laufe seines Wirkens entwickelte er einen unverwechselbaren Zeichenstil.

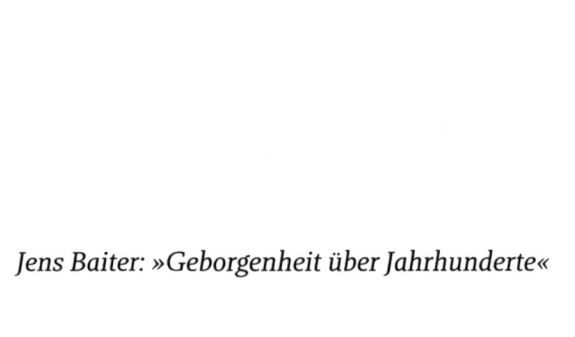

Jens Baiter: »Geborgenheit über Jahrhunderte«

BAITER 2022

Impressum

1. Auflage 2022
© Zoeschlin Verlag GmbH & Co. KG, Augsburg
Gestaltung: Ramona Betz
Printed in Germany
Alle Rechte vorbehalten
www.zoeschlin.de

ISBN 978-3-947881-06-2